WIE DU ÜBER DEINE ZUKUNFT DENKST, BESTIMMT DEIN HANDELN IM JETZT.

STEVE ZSCHUNKE

www.fearlesschurch.de
info@fearlesschurch.de

fearlessgermany
fearlesschurchgermany
Fearless Church Germany

Hinweis: Nicht alles in diesem Booklet sind eigene Gedanken. Zitate usw. sind nicht markiert.

Herstellung und Verlag: BoD - Books on Demand, Norderstedt

ISBN: 9783758306778

MIX
Papier aus verantwortungsvollen Quellen
Paper from responsible sources
FSC
www.fsc.org
FSC® C105338

Fearless Church ist eine Freikirche in der Region Böblingen/Sindelfingen.

Die Vision von Fearless ist Erweckung durch die Gegenwart Gottes, durch das Bewusstsein des vollbrachten Werkes und die daraus entstehende persönliche Identität in Christus.

Wir träumen von einer Kirche, welche die Gegenwart Gottes als Fokus, familiäre Beziehungen als Grundgerüst und das Wohl unserer Stadt, unseres Landes und darüber hinaus, als Auftrag sieht. Jesus Christus soll nicht nur im Mittelpunkt stehen - Er ist unser Leben! Diese Kirche ist eine Familie, die von bedingungsloser Liebe, Zusammenhalt und dienender Leiterschaft geprägt wird. Wir sehnen uns danach, die Kraft Gottes zu erleben. Im Wissen, dass für Gott alles möglich ist, erwarten wir das Wirken des Heiligen Geistes und erleben Seine Wunder.

Stell Dir eine Kirche vor, die daran glaubt, dass sie eine ganze Stadt verändern kann.

Gott macht sich niemals Angst zunutze, weshalb es sehr verwunderlich ist, dass viele Gläubige sich so vor der Endzeit bzw. dem Buch der Offenbarung fürchten. Gott überlässt die Zukunft unserer Welt keinem apokalyptischen Feuerball oder entrückt die Christen in den Himmel. Unsere Berufung ist, an Gottes Ziel mitzuwirken, welches die Vereinigung von Himmel und Erde ist. Unsere Endzeitvorstellung muss mit dieser Vision des Königreiches Gottes übereinstimmen.

Was wäre, wenn die Endzeit viel besser und hoffnungsvoller aussähe, als wir es uns jemals vorstellen und erträumen könnten?

INHALT

EINLEITUNG

(Anmerkung: Solltest du mein Buch „ Fearless durch die Endzeit - was wäre, wenn ...?" schon gelesen haben, herzlichen Glückwunsch :-), du kennst dann schon meine Gedanken zur Eschatologie, die ich in der Einleitung hier erkläre.)

Was du auf diesen Seiten findest, ist eine Weiterführung meines Buches „Fearless durch die Endzeit - was wäre, wenn...?" und natürlich auch keine perfekte Auslegung und Offenbarung der Endzeit, das würde ich mir auch nicht anmaßen. Was du auf diesen Seiten beschrieben findest, ist mehr eine Reise, auf die ich dich gerne einladen möchte.

Ein wichtiger Gefährte auf dieser Reise ist die Brille, mit der wir die Bibel lesen. Jeder hat eine Brille, durch die er die Texte der Bibel interpretiert. Gotteswahrnehmung, Tradition, Lehre usw. mögen deine Brille geformt haben. Heute, wenn du dieses Büchlein in den Händen hältst, möchte ich dich ermutigen, diese Brille abzulegen und mit Jesus neu an das Thema heran zu gehen.

Persönlich habe ich natürlich auch eine Brille, die von meiner Gotteswahrnehmung geprägt ist und aus welcher ich einige Richtlinien über die Eschatologie (ein schickes Wort für Endzeit) und wie ich sie sehe, ableite. Zu deinem besseren Verständnis, möchte ich dir meine Brille im Folgenden vorstellen:

Ich lehne eine Eschatologie ab, die

- die Natur eines guten Gottes, so wie sie uns durch Jesus offenbart wurde, untergräbt.

- ein dualistisches, postmortales Evangelium erschafft.

- einen entmachteten Teufel wieder bevollmächtigt.

- Gottes Volk als Gottes Partner darin, Sein Königreich auf die Erde zu bringen, entmachtet.

- unsere gegenwärtigen Bemühungen im Herrn sinnlos macht.

- Hoffnungslosigkeit im Blick auf die Zukunft kreiert.

- Angst schürt.

Es ist meine Überzeugung, dass vieles von dem, was Christen über die Endzeit glauben, mit genau diesen oben genannten Punkten übereinstimmt, und ich glaube, es ist Zeit für ein massives Umdenken auf diesem Gebiet.

Ich schlage stattdessen also eine Sicht auf die Endzeit vor, die

- von Gottes Königreich erwartet, dass es sich mit ausbreitendem Einfluss so auf der Erde manifestiert, wie es im Himmel ist.
- uns als Gottes Mitarbeiter und mächtige Partner in diesem Königreich bevollmächtigt.
- unser Werk im Herrn notwendig, wertvoll und wichtig macht.
- Hoffnung für die Zukunft erzeugt.
- Glauben anregt, damit wir weiter voran preschen, um mehr von Gottes Träumen zu verwirklichen.

Dies sind einige der Richtwerte für diese Reise, auf die wir gemeinsam gehen wollen. Doch bevor wir da eintauchen, lass mich noch **drei** Kommentare abgeben:

Erstens sind jegliche Auffassungen, die wir über die Endzeit haben (inklusive der, die du in den Händen hältst), nur Theorien. Niemand kann für sich behaupten, bei ihm wäre alles ganz ordentlich verpackt und mit einer hübschen Schleife eingewickelt. Ansonsten hätten wir einen viel größeren Konsens über die Endzeit als es der Fall ist. Wenn ich das sage, meine ich damit nicht, dass jede Theorie die gleiche Gültigkeit besitzt. Manche Anschauungen sind fundierter und schriftgetreuer als andere. Stell dir ein Puzzle vor, bei dem jedes Stück der Bibel, das die Endzeit zum Thema hat, ein Puzzleteil repräsentiert. Es gibt nur eine Möglichkeit, das Puzzle so zusammenzusetzen, dass es Sinn ergibt. Doch wenn du dich je an einem Puzzle versucht hast - vor allem an einem großen mit vielen Teilen - wirst du wissen, dass es möglich ist, zwei Teile zusammenzufügen, die scheinbar zusammenpassen, es aber nicht wirklich tun, und erst nach genauer Begutachtung, wenn das korrekte Paar gefunden wurde, wird der anfängliche Fehler offensichtlich. Die Endzeit-Texte sind genauso.

Es ist möglich, einige Schrift-Gruppen zusammen-zusetzen, ohne dass es einem gelingt, sie untereinander zu verbinden. Es ist auch möglich, Schriftstellen zusammenzufügen, die gut zu passen scheinen, wo es aber verglichen mit einer alternativen Erklärung offensichtlich wird, dass es eine viel bessere Passform gibt. Das gilt nicht nur für Teile der Schrift, sondern auch für Teile der Geschichte. Ein Großteil der Komplexität dieses besonderen Puzzles ist, dass es „Außen"-Stücke enthält - Geschichte, die nicht in der Bibel verzeichnet ist. Ich schätze, es sollte sich wahrscheinlich von selbst verstehen, aber ich glaube, dass das, was ich hier sage, den größten Sinn ergibt im Hinblick auf die Wahl der Puzzleteilchen. Wenn ich das nicht glauben würde, wäre das hier ein anderes Buch.

Entlang meiner Reise habe ich entdeckt, dass diese spezielle Theorie ihren Job besser darin macht, ein zusammenhängendes Bild zu schaffen und Schrift und Geschichte mit größerer Klarheit zusammenzusetzen. Außerdem ist sie im Hinblick auf Jesu Königreichs-Vision sinngetreuer sowie imstande, viel mehr Puzzlestücke zusammenzusetzen, als ich es sonst irgendwo gesehen habe.

Zweitens magst du dich an eine andere Überzeugung als die hier präsentierte halten und dich in deinen Vorstellungen herausgefordert fühlen. Ich ermutige dich dazu, keine Angst davor zu haben, deine Überzeugungen in Frage zu stellen. Manchmal haben wir Angst, neue Glaubensüberzeugungen auf einem Gebiet anzunehmen, weil jemand, der in unserem Leben Einfluss hat (vielleicht ein Pastor oder Bibellehrer), uns eine bestimmte Perspektive auf die Endzeit gelehrt hat. Diese Überzeugung zu verwerfen würde nun irgendwie bedeuten, ihn oder sie zu verwerfen. Eine der Lügen, der wir in unserer westlichen Gemeinde-Kultur geglaubt haben, ist, dass wir nur zusammenarbeiten, einander lieben und loyal zueinander sein können, wenn wir in allem einer Meinung sind. Das ist ein Trugschluss, der dem Leib Christi viel Schaden zugefügt hat.

Es gibt einen besseren Weg. Einen, auf dem wir unterschiedliche Meinungen haben und uns trotzdem lieben und ehren und fruchtbringend nebeneinander arbeiten können. Es ist der bessere Weg, uns um Beziehung anstatt um Doktrin zu versammeln.

Und schließlich habe ich über die Jahre viele Menschen getroffen, die das Thema „Endzeit" als Quelle großer Angst betrachten. Die Bücherreihe „Finale - Die letzten Tage der Erde" machte eine Endzeit-Theorie durch das Mittel der Fiktion populär, die seitdem einige Filme hervorgebracht und in vielen Christen Angst vor den vor ihnen liegenden Tagen hinterlassen hat. Und mit jedem neuen politischen Ereignis in Israel wird diese Angst neu entfacht. Ich glaube nicht, dass Gottes Wahrheit Angst entfacht. Jedoch glaube ich, dass es möglich ist, die Schrift falsch zu interpretieren und dadurch einen Verständnis-Rahmen zu schaffen, der Angst erzeugt. Aber Angst ist nicht von Gott. Wenn es etwas gibt, das wir über Gott glauben, das in unseren Herzen Angst kreiert, dann haben wir irgendwo die falsche Abzweigung genommen, dann müssen wir ein paar Schritte zurückgehen und um Richtungsweisung bitten.

Wenn das auf dich zutrifft, ist meine Hoffnung, dass dieses Buch dir hilft, eine Alternativ-Route zu befahren, die von der Angst weg und näher zur Wahrheit und zum Herzen Gottes hin führt. Ich hoffe, du genießt diese Reise genauso, wie ich sie genossen habe.

Da du jetzt einen Vorgeschmack bekommen hast, möchte ich dich nun auf die Reise durch die nächsten Kapitel einladen, um dann selbst mit Gott ins Gespräch zu gehen.

1

DIE OFFENBARUNG JESU

Welches Bild uns auch immer in den Sinn kommt, wenn wir über die Offenbarung sprechen, wir würden total daneben liegen, wenn wir nicht damit beginnen würden, zu sagen, dass es ein Buch über Jesus ist. Es geht nicht in erster Linie um falsche Propheten, Huren oder den Antichrist - es geht um Jesus. Insbesondere um Seine Herrschaft, Seine Gerichte, Seine Braut und Seine zukünftige Welt. Deshalb lauten die Eröffnungsworte des Buches: *„Offenbarung Jesu Christi…"* (Off. 1,1).

Johannes, der dieses Buch geschrieben hat, sieht einige Visionen von Jesus, und zwar nicht von einem Jesus als Baby in einer Krippe oder einem gebrochenen Mann am Kreuz, sondern als den auferstandenen und aufgestiegenen, siegreichen Sohn Gottes, der der König der Könige und Herr der Herren ist. „Jesus ist Herr" war die bahnbrechende Konfession der frühen Gemeinde, und es ist dieses Thema, welches das Buch zusammenhält.

Wenn wir die Offenbarung lesen und am Ende zu einer anderen Schlussfolgerung kommen oder der Meinung sind, dass das alles umfassende Thema ein anderes ist, dann müssen wir vielleicht zurück gehen und sie noch einmal lesen.

Jesus ist nicht „der auserwählte Herr", als ob ihm Position und Titel erst irgendwann in der Zukunft verliehen würden. Er ist jetzt schon der wahre Herr der Erde, der wahre Regent und wahre Herrscher, und nicht erst in einer zukünftigen Realität, die wir erst noch erwarten.

Die Offenbarung ist ein Buch, in dem Jesus Seinem Volk zuliebe offenbart wird. Seinem Volk, welches unterdrückt und verfolgt wird, damit es Mut fasst durch die Tatsache, dass die Gerichte nicht damit enden, dass das Böse und das Imperium triumphieren, obgleich es damals so ausgeschaut haben mag, sondern damit, dass Jesus und Sein Volk siegreich sein werden. Vielleicht könnte ein alternativer Titel für die Offenbarung so lauten: Jesus gewinnt.

Es ist meine Überzeugung, dass Johannes dieses Buch irgendwann zwischen 65 und 70 n. Chr.

schrieb. Es herrscht darüber etwas Uneinigkeit unter den Gelehrten, aber für mich scheint es genügend Hinweise zu geben, die die Datierung dieses Buches auf diese Zeitspanne unterstützen.

Vielleicht sollten wir zuerst mit den Eröffnungsworten des Buches selbst beginnen:

*„Offenbarung Jesu Christi, die Gott ihm gegeben hat, um seinen Knechten zu zeigen, was **rasch** geschehen soll; ... Glückselig ist, der die Worte der Weissagung liest, und die sie hören und bewahren, was darin geschrieben steht! Denn die Zeit ist **nahe.“*
(Off. 1,1A + 3)

Wenn ich allein die Eingangsverse lese, fallen mir 2 Worte auf, die etwas beschreiben, das, wie ich denke, nicht ungeachtet bleiben sollte.

Johannes wird gesagt, dass diese Dinge „rasch" geschehen sollen und dass die Zeit für deren Erfüllung „nahe" ist. Wenn man das schlicht und ergreifend einfach so lesen würde, wie es da steht, käme man nicht auf die Idee, dass Johannes Dinge aufschrieb, die erst nach langer Zeit (in 2000 Jahren und täglich mehr) stattfinden würden, sondern bald.

In Offenbarung 11 wird Johannes beauftragt, den Tempel auszumessen: *Lies* Off. 11,1-2

Damit Johannes den Tempel Gottes und die, die darin anbeten, messen konnte, musste jener Tempel immer noch gestanden haben und Menschen darin immer noch angebetet haben. Wenn das nach 70 n. Chr. (d.h. nach dem Fall Jerusalems) geschrieben worden wäre, dann hätte es keinen Tempel oder anwesende Anbeter zum Ausmessen gegeben. Außerdem steht die „heilige Stadt" in diesem Abschnitt noch, was bedeutet, dass dies von einer Zeit <u>vor</u> ihrer Zerstörung spricht.

Man könnte argumentieren, dass von einem zukünftigen, wiederaufgebauten Tempel die Rede ist, aber dann müssen wir zurück zu den Eröffnungsworten des Briefes gehen: „rasch" und „nahe", nicht „„viel später" und „weit entfernt".
Hinzu kommt, dass die 42 Monate, in der die Heidenvölker die heilige Stadt zertreten würden, genau der Dauer des Krieges entsprechen, den die Römer gegen die Juden führten. Vespasian war im Februar 67 n. Chr. von Nero beauftragt worden, und die Stadt fiel im August 70 n. Chr. unter dem Kommando von Titus (Vespasians Sohn). Das unterstützt eine frühere Verfassung der Offenbarung.

Dann gibt es da noch eine Vision in der Offenbarung, die sich sehr gut mit der Geschichte jener Tage deckt: *Lies* Off. 13,1-4

Die Auslegung dieser Vision erfolgt 4 Kapitel später:

„Und der Engel sprach zu mir: ... Ich will dir das Geheimnis .... des Tieres (sagen), das sie trägt, das die sieben Köpfe und die zehn Hörner hat. ... Die sieben Köpfe sind sieben Berge, auf denen die Frau sitzt. Und (es) sind sieben Könige: Fünf sind gefallen, und der eine ist da - der andere ist noch nicht gekommen; und wenn er kommt, muss er für eine kurze Zeit bleiben. ... Und die zehn Hörner, die du gesehen hast, sind zehn Könige, die noch kein Reich empfangen haben; aber sie erlangen Macht wie Könige für eine Stunde zusammen mit dem Tier." (Off. 17,7-12)

Die Information, die wir haben, ist folgende: Das Tier steht für sieben Berge und sieben Könige. Was könnte das bedeuten? Eine mögliche Auslegung lautet, dass hier von Rom die Rede ist, weil diese Stadt berühmt ist für ihre sieben Hügel. Es wäre nicht zu weit hergeholt, wenn wir sagen, dass das Tier einerseits Rom, und andererseits das Römische Reich repräsentiert.

Uns wird gesagt, dass die sieben Köpfe auch sieben Könige repräsentieren, wovon fünf gefallen sind, einer ist und der einer noch kommen soll, aber nur für eine kurze Zeit. Wenn wir ein früheres Datum der

Offenbarung voraussetzen (irgendwann Anfang bis Mitte der 60iger), dann wäre Nero an der Macht gewesen. Was bedeutet, dass vom Beginn der julisch-claudischen Dynastie an 5 Kaiser gefallen waren, einer war (Nero) und einer noch kommen sollte, wenn auch nur für eine kurze Zeit. Die Geschichte zeigt uns, dass Cäsar Galba, der Neros Nachfolger war, nur 7 Monate lang regierte, in einem Jahr, das in die Geschichte als das „Vierkaiserjahr" einging.

Kaiser	Jahr
Julius	49 BC - 44 BC
Augustus	27 BC - 14 AD
Tiberius	14 - 37 AD
Caligula	37 - 41 AD
Claudius	41 - 54 AD
Nero	54 - 68 AD
Galba	68 - 69 AD (7 Monate)

Johannes sagt weiter:

„... und es wurde ihm ein Maul gegeben, das große Worte und Lästerungen redete; und es wurde ihm Macht gegeben, 42 Monate lang zu wirken... Und es

wurde ihm gegeben, Krieg zu führen mit den Heiligen und sie zu überwinden; ... Hier ist das standhafte Ausharren und der Glaube der Heiligen" (Off. 13, 5-10).

64 n. Chr. brach ein Feuer in Rom aus, das ein Drittel der Stadt zerstörte.

Manche glauben, Nero selbst habe es gelegt, aber Nero beschuldigte die Christen. Dies löste eine Zeit intensiver Verfolgung aus, die unter Nero bis zu seinem Tod dreieinhalb Jahre später - also insgesamt 42 Monate - andauerte.

Daraus schließe ich, dass das Tier aus der Offenbarung das Römische Reich war, das zu jener Zeit von Kaiser Nero regiert wurde. Wenn man diese Visionen mit den historischen Aufzeichnungen vergleicht, offenbart sich eine haargenaue Übereinstimmung, die wiederum eine frühere Verfassung unterstützt.

Ich glaube, dass die tödliche Wunde, die geheilt wurde, von dem Aufstand spricht, der Neros plötzlichem Selbstmord folgte. Sein Tod markierte das Ende der julisch-claudischen Dynastie von Kaisern, die mit Julius Cäsar begonnen hatte. Nach Neros Tod hatte das Römische Reich 4 Herrscher in einem einzigen Jahr. Es war eine Zeit, in der es so aussah, als ob Rom selbst unter dem Gewicht von internen Machtkämpfen und Bürgerkrieg zerfallen würde. Doch Vespasian schaffte es, die Dinge wieder unter Kontrolle zu bringen und den Frieden wiederherzustellen. Er gründete eine neue Dynastie, die flavische, die das Reich wiederbelebte.

Zu guter Letzt gibt die klassische syrische Version des Neuen Testaments (manchmal die Syrische Vulgata oder Peschitta genannt) auf der Eröffnungsseite des Buches der Offenbarung an: „Die Offenbarung, die Gott dem Evangelisten Johannes auf der Insel Patmos bekannt machte, wohin er von dem Imperator Nero verbannt worden war "[1] Das kann sich nur vor Neros Tod, der vor 70 n. Chr. war, ereignet haben.

In Anbetracht all dessen bevorzuge ich ein früheres Datum der Offenbarung (irgendwann Anfang bis Mitte der 60iger). Das eröffnet die Möglichkeit, dass sich Teile der Offenbarung auf den Fall Jerusalems beziehen.

---

[1] https://www.originalbibles.com/peschitta-syriac-middle-aramaic-new-testament-1915-pdf/ (Siehe Seite 491)

2

DIE 7 GERICHTE

Wenn Jesus der Mittelpunkt der Offenbarung ist, dann sind es insbesondere Seine Gerichte, die den Großteil dieses Buches ausmachen. Wir haben uns an die Auffassung gewöhnt, dass Gericht rein negativ ist, die gerechte Verdammung für die Bösen. Doch wenn Gott richtet, ist das ein Ausdruck seiner Liebe! Gericht geschieht immer aus dem Blickwinkel, Dinge zurechtzurücken und wiederherzustellen, es ist nicht ein bloßer Akt der Verdammung der Schuldigen.

Lies Psalm 96,11-13

Das sollten wir uns merken, wenn wir über Gottes Gerichte lesen: sie geschehen aus der Sicht, Dinge zurechtzubringen und das zu entfernen, was dem entgegensteht.
Die offensichtlichsten Gerichte im Buch der Offenbarung sind die sieben Gerichte, die in der Form von sieben Siegeln, sieben Posaunen, sieben Donnern und sieben Schalen kommen. Diese

Gerichte sind von vielen Lehrern dazu verwendet worden, um zu beschreiben, wie Gott die Welt in den kommenden Tagen richten wird. Dabei haben Sie die Bildersprache an einigen Stellen recht wörtlich genommen, wie wir sehen werden.

Wieder einmal möchte ich dazu ermutigen, dass wir uns fragen, was wäre, wenn ...?

Was wäre, wenn die Gerichte bereits stattgefunden haben, sie gegen Jerusalem und den Tempel gerichtet waren und 70 n. Chr. bereits erfüllt wurden. Was wäre, wenn ...?

Im dritten Buch Mose Kapitel 26 erhält das Volk Israel die Details über Gottes Gericht und die Bedingungen des Bundes. Sie lauten, dass, wenn sie gehorchen und Gott treu folgen, sie gesegnet sein würden. Später fasste Mose dies in 5. Mose 28 zusammen, in dem er sagte, dass sie „gesegnet wären bei ihrem Eingang und Ausgang "- förmlich überschüttet mit Segen.

Doch wenn sie sich entscheiden würden, Gott ungehorsam zu sein und sich von Ihm abzuwenden, dann würde Gott sie richten. Dieses Gericht kannst du in 3. Mose Kapitel 26 Verse 14-33 nochmals selbst nachlesen. Ich empfehle dir, dies sorgfältig nachzulesen, denn es handelt sich hier um ein 4×7 fältiges Gericht.

Kann es sein, dass es das war, was Jesus zu den jüdischen Leitern in Matthäus 23 sagte, als er ankündigte, dass all das gerechte Blut von Abel bis Zaharias auf diese Generation kommen würde. Es war ein Bundesgericht, das einzigartig war und auch nie wiederholt werden würde. Keine andere Generation würde jemals wieder mit einem solchen Gericht konfrontiert werden.

Ist es ein Zufall, dass die Offenbarung diese 4×7 Gerichte aufweist, weil es hier um Gottes Bundesgericht über Jerusalem und den Tempel geht? Auf der Grundlage der Datierung der Offenbarung, meinem Verständnis von Matthäus 24 sowie Gottes Bund mit Israel, sehe ich das 4×7 Gericht als etwas, das sich während des Falls von Jerusalem 70 n. Chr. ereignet haben könnte.

Die 7 Siegel

Schauen wir uns doch mal die sieben Siegel an. Johannes sieht eine Vision von Gott dem Vater, wie er eine Buchrolle mit sieben Siegeln hält. Niemand wird für würdig befunden, die Schriftrolle zu öffnen, bis Jesus vortritt. Er allein ist würdig, die Schriftrolle zu nehmen und die Siegel zu öffnen (Off. 5,7-10).

Jesus nimmt die Schriftrolle und beginnt sie zu öffnen, ein Siegel nach dem anderen. Mit dem Öffnen eines jeden Siegels wird ein Gericht auf der Erde ausgelöst. Die ersten vier Siegel sind das, was als „die vier Reiter der Apokalypse" bekannt geworden ist. Was wäre, wenn zu jedem von ihnen inklusive der drei verbleibenden Siegel eine Parallele in dem Gericht gefunden wird, über das Jesus in Matthäus 24 geredet hat?

7 Siegel	Parallele
Reiter #1: Eroberung (Off. 6,2)	Nation gegen Nation, Königreich gegen Königreich (Matt. 24,7)
Reiter #2: Krieg (Off. 6,3)	Kriege und Kriegsgerüchte (Matt. 24,6)
Reiter #3: Hungersnot (Off. 6,5)	Hungersnöte (Matt. 24,7)
Reiter #4: Tod (Off 6,7)	Natürliche Konsequenzen aus den eben genannten Dingen
Märtyrer unter dem Altar (Off. 6,9)	Drangsal und Verfolgung (Matt. 24,9)
Erdbeben, Sonne und Mond verdunkeln, Sterne fallen, Menschen schreien vor Angst (Off. 6,12)	Erdbeben, Sonne und Mond verdunkeln sich, Sterne fallen, Menschen trauern (Matt. 24,7+ 29)
Stille (Off. 8,1)	Verwüstung nach dem Fall Jerusalems

7 Posaunen

Schauen wir uns jetzt die 7 Posaunen an.

7 Posaunen	Parallele
Hagel und Feuer zerstören ein Drittel der Erde (Off. 8,7)	Es gibt Aufzeichnungen, wie die Römer in der Zeit der Belagerung die Region rund um Jerusalem in eine Wüste verwandelten.
Der große Berg wird ins Meer geworfen (Off. 8,8)	Jerusalem ist der Berg, von dem Jesus gesagt hatte, dass er ins Meer geworfen werden sollte.
Ein Stern namens Wermut (Off. 8,10)	Im Alten Testament wird Wermut für Gottes Bestrafung der Menschen verwendet, die sich gegen Gott gestellt haben, inklusive ihrem Tod. (Siehe z.B. Jeremia 9,15; 23,15 und Klagelieder 3,15)
Sonne, Mond und Sterne werden geschlagen (Off. 8,12)	In der Bibel wird die kosmische Sprache als Metapher für Autoritäten und Herrscher verwendet

Eine Heuschreckenplage quält das Land 5 Monate lang (Off. 9,3)	Dies ist ein Bild, das auf die Plagen von Ägypten hinweist, nur dass diesmal Israel auf der Empfängerseite steht. Hier ist die Rede von der römischen Belagerung, die 5 Monate andauerte, wobei die Armeen wie Heuschrecken ausschwärmten, die alles verzehrten, was sichtbar war.
Vier Engel werden am Strom Euphrat losgelöst mit einem Heer von 200 Millionen Reitern (Off. 9,13)	Es gibt Überlieferungen, die sagen, dass Titus 3000 Soldaten am Euphrat stationierte, um sie seinem Angriff auf Jerusalem anzuschließen.
Jesus ist siegreich, er fordert die Königreiche der Welt zurück und die Bundeslade wird im Himmel gesehen (Off. 11,15)	Jesus ist der Herr von Himmel und Erde. Die Einführung des neuen Bundes.

7 Donner

Zwischen der sechsten und siebten Posaune gibt es eine weitere Reihe von Gerichten, die in Form eines Donners kommen (Off. 10,1-4).

Johannes bekommt aber in Vers 4 die Anweisung, diese Dinge nicht aufzuschreiben. Jedoch wird Johannes unmittelbar darauf eine Schriftrolle zu essen gegeben, die in seinem Mund süß, in seinem Magen aber bitter ist. Ein Jude, oder eigentlich jeder, der die alttestamentlichen Schriften kennt, würde sich sofort an Hesekiel erinnern. Ihm wurde ebenfalls eine Schriftrolle zu essen gegeben, die süß in seinem Mund schmeckte. Ihm wurde anschließend der Befehl gegeben, gegen das Haus Israels zu prophezeien und physisch die Belagerung Jerusalems als Zeichen seines Gerichts und Falls zu demonstrieren (Hesekiel 3 und 4).
Und wieder unsere Frage, was wäre, wenn sich die 7 Donnergerichte auf das Haus Israels beziehen, wie die vorigen sieben Siegel und Posaunen?

7 Schalen

Der letzte Satz von Gerichten sind die sieben Schalen (Off. 16,1-21). Diese Gerichte scheinen sich an die Plagen in Ägypten zur Zeit des Exodus anzulehnen, nur dass dieses Mal Jerusalem der Empfänger der Plagen ist. Gott bewegt die Geschichte immer erlösend vorwärts, und wann immer Menschen (oder eine Nation) andere davon abhalten, voran zu kommen, wird Gott handeln, um Befreiung und Gericht zu bringen, ob es sich nun um Ägypten (wie beim Exodus) oder um Juden (wie in Matthäus 24 und einen Großteil der Offenbarung) handelt.

7 Schalen	Parallele
Schale #1: Schmerzhafte Geschwüre entstehen bei denen, die das Zeichen des Tieres empfangen (d.h. vor der Anbetung Caesars kapitulieren)	Plage Nr. 6: Geschwüre
Schale #2: Das Meer wird zu Blut	Plage Nr.1: Wasser, Flüsse, Kanäle und Teiche verwandeln sich zu Blut
Schale #3: Flüsse werden zu Blut	Plage Nr.1: Wasser, Flüsse, Kanäle und Teiche verwandeln sich zu Blut
Schale #4: Die Sonne versengt die Menschen	Keine identifizierbare Parallelen

Schale #5: Die Schale wird auf den Thron des Tieres ausgegossen und dessen Königreich wird in die Finsternis gestürzt	Plage Nr. 9: Finsternis
Schale #6: Der Euphrat trocknet aus und bereitet den Weg für eine Armee und unreine Geister (wie Frösche)	Plage Nr. 2: Frösche
Schale #7: Erdbeben, die große Stadt wird in 3 Teile gerissen, Hagelplage	Plage Nr. 7: Hagel

Dies sind die vier Sätze von siebenfachem Gericht im Buch der Offenbarung. Ich glaube, dass sie auf Jerusalem und den Tempel abzielten und mit Jerusalems Zerstörung beendet waren. Sowohl die historischen Informationen, die wir haben, als auch die Verbindung zu dem Bundesgericht Gottes in 3. Mose 26 decken sich mit diesem Text.

Wenn diese Teilchen zusammengesetzt werden, könnten wir schlussfolgern, dass die Gerichte in der Offenbarung nicht von einem zukünftigen Armageddon handeln, sondern dass sie sich auf das beziehen, was sich im ersten Jahrhundert ereignete, kurz nachdem Johannes die Offenbarung geschrieben hat.

Wir brauchen daher keine Angst vor einer schrecklichen Abfolge von Gerichten zu haben, die Gott über die ganze Erde ausgießen wird, wie es von vielen „Zukunftslehrern" gelehrt wird.

3

DIE 2 ZEUGEN

Ein kleiner Rückblick:

Lies Offenbarung 11,1-3

Johannes wird hier gesagt, dass er den Tempel Gottes messen soll und diejenigen, die dort anbeten. Der Tempel (Herodes Tempel im ersten Jahrhundert, der, in dem Jesus gedient hatte) wurde 70 n. Chr. zerstört. Entweder der Text wurde also davor geschrieben und spricht von Herodes Tempel oder er wurde später geschrieben und spricht von einer Zeit irgendwann in der Zukunft, in der der zerstörte Tempel wieder aufgebaut sein wird.

Unsere Frage muss also lauten, wann wurde das Buch der Offenbarung geschrieben?

Solltest du aufmerksam gelesen haben, kennst du meine Antwort auf diese Frage (vgl. Kapitel 1). Die einleitenden Worte der Offenbarung geben mir bestätigende Annahme, dass die Offenbarung zu den Hörern ihrer Zeit sprach:

„Offenbarung Jesu Christi, die Gott ihm gegeben hat, um seinen Knechten zu zeigen, was rasch gesehen geschehen soll;… Glückselig ist, der die Worte der Weissagung liest, und die sie hören und bewahren, was darin geschrieben steht! Denn die Zeit ist nahe." (Off. 1,1A + 3)

Somit an dieser Stelle eine kurze Frage an die „Futuristen" unter uns, also an diejenigen, die sagen, dass der Tempel in Jerusalem wieder aufgebaut werden muss, damit sich diese Prophetien erfüllen können:

Wie werden Menschen mit Gott versöhnt?

Durch einen Tempel und ein Opfer-System?

Oder durch Jesus, der sowohl der Hohepriester als auch das Lamm ist, das ein für alle Mal das letzte Opfer war?

Hat Gott einen Plan für Heiden und einen anderen für Juden? (Heiden gerettet und versöhnt durch Jesus, während die Errettung und Versöhnung bei Juden durch den Tempel und Opfer geschieht?)

Wenn Jesus das Volk Gottes wieder hergestellt hat, und zwar um sich selbst herum, und wenn er sich genauso wie auch Seine Nachfolger als den neuen Tempel deklarierte (Joh. 2,18-22 & 1.Kor. 3,16-17; 6,19), warum sollte Gott dann den alten Tempel mit seinem System wieder auferstehen lassen?

Außerdem wird der Wiederaufbau des Tempels manchmal mit den Prophetien über Jesu Wiederkunft verbunden, wenn Er Seinen Platz auf dem Thron Davids einnimmt, was ebenso den Wiederaufbau des Tempels notwendig machen würde. Kein Tempel, kein davidischer Herrscher. Petrus sagt jedoch in seiner Predigt in Apostelgeschichte 2 (wie auch Paulus in Apostelgeschichte 13), dass Jesus Sich bereits auf den Thron Davids gesetzt hat, kraft Seiner Auferstehung und Himmelfahrt. Diese zwei machen es überaus klar:
Wir warten nicht auf einen zukünftigen Tag, an dem Jesus zurückkommen wird, um sich auf Davids Thron zu setzen; Er sitzt dort bereits!

Ok, zurück zu den 2 Zeugen.

Zukunftslehrer stellen sich zwei Männer vor, die während eines Teils der siebenjährigen Trübsal durch die Straßen Jerusalems laufen. Es heißt, dass sie für 1260 Tage prophezeien, was 3,5 Jahren oder 42 Monaten entspricht (die gleiche Zahl, wie nur in einem Vers davor). Im Vers zuvor lesen wir von den Nationen, die die heilige Stadt zertrampeln. Diese Verbindung führt mich zu der Annahme, dass sie während der Zeit der Belagerung Jerusalems prophezeiten, als die Armeen Roms (die sich aus vielen verschiedenen Nationen zusammensetzten), die Stadt für dreieinhalb Jahre umzingelten. (Vespasian wurde von Nero im Februar 67 n. Chr. in den Dienst gestellt, und die Stadt fiel im August 70 n. Chr. unter dem Kommando von Titus, Vespasians Sohn). Sie waren in Sacktücher gekleidet, was bedeutet, dass sie trauerten und somit eine tragische Botschaft zu überbringen hatten. Unter dem mosaischen Gesetz waren mindestens zwei Zeugen nötig, bevor irgendjemand als schuldig erklärt und verurteilt werden konnte.

Johannes fährt fort: *Lies* Offenbarung 11,4-6

Die erste Frage, die wir uns stellen können, lautet: was wäre, wenn die zwei Zeugen gar keine Menschen wären?

Wenn so vieles in der Offenbarung von apokalyptischer Natur ist, und damit stark metaphorisch, warum sollten wir diese Stelle dann unbedingt wörtlich nehmen? Es könnte sich ja tatsächlich auf zwei echte Menschen beziehen, aber wir sollten offen bleiben für die Möglichkeit, dass es sich hier nicht um zwei menschliche Individuen handelt.

Als Nächstes kommen eine Menge Details.

Wenn du von jemandem hörst, der die Autorität besitzt, die Himmel zu verschließen, so dass kein Regen fällt, wer würde dir in den Sinn kommen?

Wenn du die alttestamentlichen Schriften kennst, sollte dir der Name Elia etwas sagen (1. Könige 17).

Nächste Frage: wer war denn die Person im Alten Testament, die Wasser in Blut verwandelte und die Erde mit allen Arten von Plagen schlug?

Mose passt auf dieses Profil (2. Mose 7-10).

Es waren sowohl Elia als auch Moses, die Feuer vom Himmel kommen sahen (Elia in 2. Könige 1 und Moses in 2. Mose 9,23).

Wenn wir uns an den Berg der Verklärung erinnern, begegnete Jesus Elia und Mose. Elia als Repräsentant der Propheten und Mose als

Repräsentant des Gesetzes. Jesus, der in seinem Auftrag das Gesetz und die Propheten erfüllte, repräsentiert Gnade. Die Jünger, die mit auf dem Berg waren, hörten am Schluss dieser erstaunlichen Begebenheit Gott Vater selbst sagen: „Dies ist mein geliebter Sohn, auf ihn sollt ihr hören!" Als die Jünger aufsahen waren Moses und Elia fort. Es ist Jesus, auf den das Gesetz und die Propheten hindeuten. Er ist der Punkt, auf den sich die ganze Schrift konzentriert (Lukas 9,35).

Hier in der Offenbarung haben wir zwei Zeugen, die sich wie Moses und Elia anhören, und wie auf dem Berg der Verklärung repräsentieren sie, wie ich glaube, das Gesetz und die Propheten. Während der dreieinhalb Jahre des Krieges vor der Zerstörung Jerusalems „zeugten" das Gesetz und die Propheten gegen die Juden, dass sie den Bund Gottes verletzt hatten. Deshalb prophezeiten die Flüche und das Gericht aus 5. Mose 28,3; Mose 26 und die prophetische Tradition ziemlich wortwörtlich die Zerstörung über ihnen, und zwar während der gesamten Dauer des Krieges. Das ist, was ich glaube, wovon bei den zwei Zeugen die Rede ist.

Lies Offenbarung 11,7-13

Diese Vision geht so weiter, dass die zwei Zeugen durch das Tier getötet werden und dann drei Tage später wieder auferstehen. Was könnte das bedeuten?

Meine Theorie ist, dass das Zeugnis des Gesetzes und der Propheten durch Rom getötet wurde (das Tier) als sie die Mauern Jerusalems schließlich durchbrachen und die Stadt verwüsteten. Die frühen Christen hatten noch kein Neues Testament, und da das Gesetz und die Propheten von Jesus zeugten, benutzten sie die jüdischen Schriften als Autorität und gaben durch sie Zeugnis über Jesus. Während Gesetz und Propheten also mit dem Fall von Jerusalem und dem Tempel ebenfalls gefallen zu sein schienen („die große Stadt, die im geistlichen Sinn Sodom und Ägypten heißt"), fanden sie durch die Gemeinde zu neuem Leben.

Die zwei Zeugen sind mit Sicherheit rätselhafte Figuren in der Offenbarung, und ich glaube nicht, dass wir auf die eine oder andere Weise zu dogmatisch sein dürfen. Dennoch glaube ich, dass wir offen bleiben können gegenüber der Möglichkeit, dass sie sich auf zwei Ereignisse beziehen, die in der Vergangenheit stattfanden.

4

DAS TIER

Lies Offenbarung 13,1-4

Das Tier. Endlich treffen wir es. Hier finden wir einen der bekanntesten Charaktere in den Seiten der Offenbarung. Dies ist ein Paradefall von apokalyptischer Sprache, wie er im Buche steht, was bedeutet, dass wir diese Stelle nicht wörtlich nehmen und ein Tier mit sieben Köpfen und zehn Hörnern erwarten dürfen, das aus dem Meer empor steigt - das sind mal gute Neuigkeiten!
Um was geht es dann? Was sollen wir also dann erwarten?
Erstens können wir unsere Lektion aus Daniel lernen.

Lies Daniel 7,17;23-24

Daniel ist ein Buch mit dem Jesus, Johannes und auch die anderen vertraut waren, wenn es um die Literaturgattung ging, die als Apokalyptik bekannt ist.

Gemäß Daniel 7 kann ein Tier entweder einen König oder ein Königreich repräsentieren und ein Horn einen König. Wir wissen, dass diese Interpretation richtig ist, weil dasselbe Tier nur vier Kapitel später wieder auftaucht, in Offenbarung 17, mit einer ausführlichen Erklärung:

Lies Offenbarung 17,7-12

Die Information, die wir bekommen, ist also diese: das Tier repräsentiert sieben Berge.

Eine mögliche Auslegung ist, dass sie Rom darstellen, weil Rom eine Stadt ist, die berühmt ist für ihre sieben Berge. Aufgrund dessen, was wir bereits über die Datierung dieses Buches wissen, ist es sehr wahrscheinlich, dass das Tier Rom und das römische Reich repräsentiert.

Uns wird auch gesagt, dass die sieben Köpfe für sieben Könige stehen, von denen fünf gefallen sind, einer ist und einer noch kommen wird, aber nur für eine kurze Dauer.

Es gibt eine Zeit im ersten Jahrhundert, die exakt mit dieser Zeitachse von Königen zusammenpasst. Ein Grund, weshalb ich an einem früheren

Verfassungsdatum der Offenbarung festhalte (irgendwann in den frühen Sechzigern).

Die historische Überlieferungen passen hier fein säuberlich in den Text. Fünf Könige (oder Hörner), die gefallen sind, sind die ersten fünf Cäsare: Julius (49 v. Chr. bis 44 v. Chr.), Augustus (27 v. Chr. bis 14 n. Chr.), Tiberius (14 - 37 n. Chr.), Caligula (37 - 41 n. Chr.) und Claudius (41 - 54 n. Chr.). Der sechste König, der ist, war Kaiser Nero (der zwischen 54 und 68 n. Chr. herrschte), und der eine, der nur eine kleine Zeit bleiben würde, war Kaiser Galba, der nur sieben Monate lang regierte (68 - 69 n. Chr.).

Meine Schlussfolgerung lautet, dass das Tier, von dem in der Offenbarung die Rede ist, das Römische Reich repräsentiert, dass zu jener Zeit von Kaiser Nero regiert wurde.

Denn natürlich war das Römische Reich zu dieser Zeit eine gewaltige Macht auf Erden, man hätte in diesen Tagen leicht sagen können *„wer ist wie das Tier? Und wer kann mit ihm kämpfen?"* (Off. 13,4)

Ein weiteres Stück Geschichte, das mit dieser Schlussfolgerung übereinstimmt, kann in den nächsten Versen gefunden werden:

Lies Offenbarung 13,5- 10

64 n. Chr. brach ein Feuer in Rom aus, dass ein Drittel der Stadt zerstörte. Manche glauben, Nero hätte das Feuer selbst gelegt, doch Nero beschuldigte die Christen, was eine Zeit intensiver Verfolgung nach sich zog, die unter Nero bis zu seinem Tod, dreieinhalb Jahre später (was 42 Monate sind) anhielt.

Die Geschichte scheint sich hier ziemlich perfekt einzuordnen. Was wäre, wenn... das Tier, von dem in Offenbarung 13 gesprochen wird, gar kein zukünftiges Reich und kein zukünftiger Weltherrscher, sondern ein Symbol für das römische Reich und besonders für Nero als dessen Kopf zu jenem Zeitpunkt in der Geschichte ist?!

5

DAS ZEICHEN DES TIERES

Ein weiteres Tier. WOW. Johannes sieht ein zweites Tier. Das erste Tier erhob sich aus dem Meer, während das zweite aus dem Land emporstieg und die Menschen dazu bringt, das erste Tier anzubeten.

Ich glaube, dass er dieses erste Tier deshalb aus dem Meer steigen gesehen hat, weil Rom geographisch gesehen jenseits des Meeres von Israel liegt. Dieses zweite Tier erhebt sich aus dem Land, weil es einen lokalen römischen Beamten repräsentiert, der Loyalität und Anbetung gegenüber Cäsar forderte, welcher in Rom war.

Lies Offenbarung 13,16-18

Hier begegnen wir dem berüchtigten „Malzeichen des Tieres". Viele glauben, dass das Zeichen des Tieres eine zukünftige Technologie ist, die uns unter die Haut gepflanzt wird, wenn du sie empfängst, kommst du in die Hölle. Ich persönlich habe hierzu ein paar Fragezeichen.

Als erstes ist meine Frage, ob diese Interpretation überhaupt dem Verständnis gerecht wird, das die Leser aus dem ersten Jahrhundert hatten.

Die Visionen in der Offenbarung waren dazu gedacht, die Gemeinden dazu zu ermutigen, Jesus inmitten der Verfolgung von Seiten der Juden und des Imperiums treu zu bleiben. Warum sollte es dann für die Gemeinde des ersten Jahrhunderts wichtig gewesen sein, über einen Chip aufgeklärt zu werden, der noch 2000 Jahre in der Zukunft liegt?

Wenn wir ein Verständnis über das Zeichen des Tieres bekommen möchten, müssen wir zuerst verstehen, dass der Kontext dieses Textes Anbetung ist. Wenn wir die Dinge bisher richtig verstanden haben, dann wissen wir, dass die lokalen Beamten die Anbetung Caesars verpflichtend machten und die Leute dazu zwangen, Nero als das Haupt des Römischen Reiches anzubeten. Wenn du Nero oder sein Bildnis angebetet hast, bekamst du eine Markierung als Zeichen der Anbetung.

In jener Zeit war es üblich, dass auf vielen Marktplätzen ein Altar stand, auf dem du als Zeichen deiner Treue gegenüber dem Reich und deiner Anbetung des Herrschers ein Opfer für den Kaiser brachtest, woraufhin du etwas Asche nahmst, um deinen Kopf oder deine Hand als Zeichen deines Opfers zu markieren. Nur dann konntest du auf den Marktplatz gehen, um zu kaufen oder zu verkaufen.

Als Christ warst du mit der Wahl konfrontiert, entweder vor dem Kaiser und dem Reich zu kapitulieren, und alles wäre in Ordnung, oder zu widerstehen und dem Schwert des Kaisers ins Auge zu blicken.

Was mich betrifft, halte ich das für die beste Interpretation für das Zeichen des Tieres. Es war eine Frage der Anbetung und Ergebenheit.

Lass mich jedoch folgendes sagen: sollte es in Zukunft ein Tattoo, einen Implantations-Chip oder sonst irgendeine Markierung geben, die als Symbol meiner Anbetung und Hingabe für irgendjemand oder irgendetwas anderes als Jesus dienen, dann ohne mich!

Was hat es nun mit der Zahl des Tieres auf sich, mit der „666"? Theoretisch wenn du dir viel Mühe gibst kann jeder Name 666 ergeben. Die Gematrie war ein System, das es im ersten Jahrhundert gab und das Buchstaben Nummern zuwies. Die hebräische Schreibweise von Kaiser Nero war NRWN QSR

(Neron Kesar ausgesprochen), was aus folgende Weise 666 ergibt:

Q= 100
S= 60
R= 200
N= 50
R= 200
W= 6
N= 50
Gesamt: 666

Natürlich werden auch die Namen vieler anderer Menschen 666 ergeben können, jedoch passen mit dieser Interpretation so viele Puzzleteilchen zusammen, und sie alle deuten auf Nero und das Römische Reich hin. Es wäre schwierig, die offensichtlichen Beweise zu verdrehen, die wir aufgrund des Datums des Buches und der historischen Fakten haben, um in eine andere Richtung zu deuten.

Einfach ausgedrückt, du brauchst keine Angst vor der Zahl 666 zu haben!

6

DER ANTICHRIST

Wenn man an das Tier und dessen Zeichen denkt, kommt doch gleich die Frage des Antichristen mit einher.

Aber wer ist der Antichrist?

Viele meinen, dass das Tier und der Antichrist ein und derselbe seien. Aber hast du gewusst, dass das Buch der Offenbarung gar keinen Antichristen erwähnt? Nicht ein einziges Mal. Die einzigen Stellen, in der du den Antichristen erwähnt findest, sind 1. & 2. Johannes.

Das bringt uns natürlich zu der Frage, warum verbinden Leute den Antichristen aus den Johannes-Briefen mit dem Tier in der Offenbarung?

Gute Frage - habe ich keine Antwort darauf! :-)

Kann es aber sein, dass Menschen aus Angst Punkte miteinander verbinden, die nicht zusammengehören und somit eine mächtige, furchterregende Figur kreieren? Kann es sein, dass das Tier in der Offenbarung und der Antichrist zwei verschiedene Dinge sind?

Wenn du die Briefe von Johannes liest, wirst du entdecken, dass der Antichrist keine spezifische Person, sondern vielmehr ein Geist oder ein dämonischer Einfluss über dem Leben von Menschen ist: *Lies* hierfür 1. Johannes 2,18+22; 4,2-3 und 2. Johannes 1,7.

Du wirst es nicht glauben, aber wir haben soeben jeden einzelnen Text in der ganzen Bibel gelesen, der von einem Antichristen spricht.

Es scheint, als ob da jemand ganz schön viel aus ganz schön wenig macht!

Nichtsdestotrotz, was sind die Kennzeichen, die den Antichristen identifizieren? Ich meine, wenn du dich für den Job des Antichristen bewerben würdest, was müsstest du auf deinem Lebenslauf draufstehen haben?

Müsstest du ein mächtiger Weltherrscher sein? Müsstest du der Papst oder eine einflussreiche

Person sein? Müsstest du jemand sein, der den Frieden im mittleren Osten wieder herstellen könnte?

Nö. Nichts dergleichen.

Laut Johannes ist alles, was du tun musst, zu verleugnen, dass Jesus im Fleisch gekommen ist. Das ist alles. Das ist alles, was du tun musst, um Antichrist zu werden!

Wir müssen verstehen, dass Johannes zu einer Zeit seine Briefe schrieb, als der Gnostizismus an Popularität gewann und von der frühen Gemeinde in deren Überzeugungen integriert wurde. Gnostiker lehrten im Wesentlichen, dass die Materie böse und der Geist gut sei. Sie argumentieren, dass Jesus nicht im Fleisch habe kommen können, weil er sonst etwas Physischem teilhaftig und damit zu etwas Bösem und Unreinen geworden wäre. Johannes warnt die Gemeinde vor solch einer Doktrin, weil sie genau die Substanz unserer Erlösung und unseres Glaubens untergräbt. Ein solcher Geist war und ist ein „Antichrist".

Eine andere Verbindung, die oft zwischen dem Tier und dem Antichristen gezogen wird, ist der „Mensch der Gesetzlosigkeit" aus dem zweiten Brief von Paulus an die Thessalonicher:

Lies 2.Thes 2,1-8

Wir müssen uns die Frage stellen, auf was sich Paulus bezog, als er von dem Tag des Herrn sprach? Bezog er sich auf das Ende der historischen Geschichte? Oder sprach er von einem Ereignis innerhalb der historischen Geschichte? Ich bevorzuge letztere Auslegung.

Wer könnte dann dieser Gesetzlose sein? Ist es eine zukünftige Person?

Wenn das der Fall wäre, dann müsste der Tempel in Jerusalem wieder aufgebaut werden, damit sich dieser Text erfüllen könnte. Wie du aber bereits weißt, glaube ich nicht, dass der Wiederaufbau des Tempels Teil von Gottes Plan ist, da er den Tempel in Jesus und dem Leib Christi (der Gemeinde) bereits neu definiert hat.

Daher bevorzuge ich eine Interpretation, die diese Person um die Tage vor der Zerstörung von Herodes Tempel (d.h. vor 70 n. Chr.) ansiedelt. Immerhin sagte Paulus zu seinen Lesern im ersten Jahrhundert, *„so wisst ihr doch, was ihn noch zurückhält"* (Vers 6). Wenn er eine zukünftige Person wäre, wie könnte Paulus dann gesagt haben, „hey, ihr Leute, ihr kennt ihn."

Meiner Meinung nach gibt es zwei Möglichkeiten für den Titel „Mensch der Gesetzlosigkeit". Aber bevor wir über sie sprechen, wird es uns helfen, zuerst über den einen zu reden, der ihn „zurückhält".
Meiner Meinung nach ist der eindeutigste Kandidat für diesen Titel Ananus, der zu jener Zeit Hohepriester in Jerusalem war.

Josephus beschreibt Ananus in „Wars of the Jews" wie folgt: „War er ja doch ein Mann, der nicht bloß eine ehrfurchterweckende Frömmigkeit mit der unbeugsamsten Gerechtigkeitsliebe verband, sondern dem es sogar ein Vergnügen machte, trotz der Höhe seines Adels, seiner Würde und seines Ansehens, in dem er stand, sich zu den geringsten Leuten, als wären sie seinesgleichen, herab zu lassen. Ein begeisterter Freund der Freiheit und feuriger Anhänger der Volksherrschaft zog er immer das Gemeinwohl den persönlichen Interessen vor, und an der Erhaltung des Friedens war ihm, da er die Macht Roms für ganz unbesiegbar halten musste, alles gelegen..." (Josephus, Wars of the Jews, Buch 4 Kapitel 5, Absatz 2).

Ananus war ein Mann, der wusste, dass die Römer nicht besiegt werden konnten, und dass gegen sie zu kämpfen nur zu dem eigenen Untergang führen würde. Er war einer, der dem Frieden und der

Demokratie verpflichtet war, der aber bei einer blutigen Attacke innerhalb der Stadt umgebracht wurde, was die Stadt Jerusalem auf einen anderen Kurs (in Richtung Zerstörung) brachte. Josephus erkannte dies als den schicksalshaften Wendepunkt der Stadt.

Ananus ist meiner Meinung nach der passendste Kandidat für den einen, der den „Mensch der Gesetzlosigkeit" zurückhält.

Die Frage bleibt weiter bestehen: wer ist der „Mensch der Gesetzlosigkeit"?

Bis jetzt gibt es zwei mögliche Anwärter für diesen Titel.

Die Geschichte berichtet von einem Mann namens Johannes Ben Levi (oder Johann(es) von Gischala). Laut Josephus war er ein schlauer, hinterhältiger Mann, der sich seinen Weg in den inneren Kreis der religiösen Leiter Jerusalems erschlich und ihr Vertrauen gewann, um die Kontrolle über die Stadt zu erlangen. Josephus sagte, „um aber gar keinen Verdacht gegen sich aufkommen zu lassen, erging er sich in maßlosen Schmeicheleien gegen Ananus und die Vorsteher des Volkes... Von jetzt an ließ ihn die Partei des Ananus im Vertrauen... ganz unbedenklich zu jeder Beratung zu: schickte man ihn doch sogar zu den Zeloten hinein, um wegen Beilegung des Bürgerkriegs zu unterhandeln! Denn die Volkspartei wollte durchaus, was an ihr lag, jede Befleckung des Tempels verhindern,... Johannes Verführungskunst brachte ihm eine Position ein, die zweifelsohne zu der Zerstörung der Stadt Jerusalems beitrug.

Nach dem Tod von Ananus beschrieb Josephus, wie es für die Zeloten um Johannes herum offensichtlich wurde, dass „eine Alleinherrschaft sein Verlangen war". Im Wesentlichen war er dabei, sich selbst in eine Autoritätsposition innerhalb des Tempels zu erhöhen. Es gibt hier sehr viel Resonanz mit den Worten von Paulus in Thessalonicher.

Der andere Anwärter für den Titel des Gesetzlosen ist Schimon Bar Giora: „tat er es zwar an Verschlagenheit dem Johannes, der schon vor ihm die Hauptstadt unter seiner Faust hielt, nicht gleich, war (er) ihm aber an Körperkraft und Verwegenheit überlegen." Er war von einer Armee des Ananus aus dem Acrabattene- Distrikt vertrieben worden, und als er von Ananus Tod hörte, ging er zur Tat über, eroberte es zurück und verursachte viel Tod und Zerstörung in der umliegenden Region. Er fand sich außerhalb der Mauern von Jerusalem wieder und bekämpfte bei verschiedenen Anlässen diejenigen, die innerhalb waren, bevor er bei einem Versuch, sie von Johannes von Gischala und den Zeloten zu befreien, in die Stadt gebracht wurde. Sie hießen ihn willkommen „als Retter und Schirmer... Sobald er aber mit seinem Heer drinnen war, war er einzig nur auf die eigene Herrschaft bedacht,... So hatte denn Simon im dritten Jahre des Krieges, im Monat Xanthikus, Jerusalem in seine Gewalt gebracht."[2]

Wer auch immer es von den beiden war, es ist klar, dass beide durch dasselbe verleitet wurden, zur Tat zu schreiten, und zwar durch den Tod von Ananus, welcher zu jenem Zeitpunkt das Böse zurückgehalten hatte, das diese beiden Anführer verübten. Ich finde, dass diese drei historischen Figuren eine mögliche Erklärung für die Erfüllung von Paulus Worten bieten, eine viel plausiblere, als irgendein „Mensch der Gesetzlosigkeit", der sich selbst in einem wieder aufgebauten Tempel in Jerusalem niederlassen wird.

Meine Schlussfolgerung ist also, dass das Tier aus der Offenbarung, der Antichrist aus dem 1. und 2. Johannes Brief und der Mensch der Gesetzlosigkeit aus 2. Thessalonicher nicht ein und derselbe ist. Sie

---

[2] Ebd. Absatz 11-12

beziehen sich nicht auf einen einzelnen mächtigen Leiter, der irgendwann in der Zukunft in Erscheinung treten wird, sondern auf drei sehr unterschiedliche Personen, die zu ihrer eigenen Zeit aktuell waren.

Darüber hinaus dürfen wir nicht vergessen, dass Christus nicht Jesu Nachnamen war, sondern die Salbung beschreibt mit der Jesus „eingeschmiert war" bzw. unter welcher er gehandelt hat.
Der Antichrist ist also nicht Anti-Jesus, sondern Anti-Salbung!

Denn die Salbung zerbricht das Joch!

7

DIE HURE BABYLON

Wir kommen jetzt zu der „Hure", die uns in Offenbarung 17,1-6 & 18 beschrieben wird.

Lies dir doch kurz den besagten Abschnitt durch.

Beachte, dass Johannes diese Frau in zwei unterschiedlichen Visionen sieht. Erstens sieht er sie *„an vielen Wassern"* sitzend. Dann wird Johannes im Geist hinweg genommen und in eine Wüste gebracht, wo er sie erneut sieht, dieses Mal auf *„einem scharlachroten Tier"* sitzend.

Was geht hier vor sich?

Johannes gibt uns Hinweise, um diese Frage auszutüfteln.

Erstens sagt Johannes: *„Und die Frau ... ist die große Stadt, die die Herrschaft hat über die Könige auf Erden."* Wenn du hier angelangt bist (und keine vorigen Kapitel übersprungen hast), sollten jetzt bereits die Glocken schrillen, es gibt zweifellos eine Verbindung zu Rom, als Sitz des Römischen Reiches.

Zweitens sagt Johannes *„Die Wasser, die du gesehen hast, wo die Hure sitzt, sind Völker und Scharen, Nationen und Sprachen"* (Off. 17,15).

Wenn ich diese zwei Teile zusammensetze, komme ich zu der Schlussfolgerung, dass sie nicht das Gleiche ist wie das Tier (welches das Römische Reich ist), sondern dass sie die satanische Macht hinter all den unterdrückenden, gewalttätigen und totalitären Reichen und Regimen ist.[3]

---

[3]

Du magst eine andere Interpretation haben und sagen, sie repräsentiere Jerusalem. Es mag ein paar Belege dafür geben, dennoch scheint es mir vom Fluss der Offenbarung her eher so zu sein, dass Jerusalem durch das 4x7 Gericht schon gerichtet wurde, was die Schlussfolgerung von Offenbarung 16 ist. Am Ende jenes Kapitels heißt es: „Und die große Stadt wurde in drei Teile (zerrissen), und die Städte der Heidenvölker fielen, und Babylon, der Großen, wurde vor Gott gedacht, damit er ihr den Becher des Glutweines seines Zornes gebe" (Off. 16, 19). Nachdem Er Jerusalem also bereits gerichtet hat, wendet Gott Seine Aufmerksamkeit Babylon zu und beginnt in Kapitel 17 mit Seinem Gericht gegen es. Diese Sichtweise wird von zahlreichen Kommentatoren unterstützt, inklusive „Jamieson, Fausset, und Brown Commentar",

Sie repräsentiert die Verführung von Geld, Sex und Macht (in sich selbst nicht böse, aber regelmäßig entstellt und missbraucht). Zu jener Zeit „ritt" sie zufällig das Tier des Römischen Reiches, aber die eigentliche Tatsache ist, dass sie ihren Sattel durch die Geschichte hindurch auf viele unterschiedliche Reiche und Regime schnallte.

Tatsächlich reitet sie auf jedem, der sich für ihre verführerische Macht prostituiert. Ich glaube, dass Paulus sich in seinen Briefen auf dieselbe „Frau" bezieht, wenn er von „Fürstentümern und Gewalten"[4] spricht - von der Macht hinter den Mächten.

Die Hure Babylon reitet heute immer noch voller Stolz und verführerischer Absichten. Nur dass es sich in unserer Zeit nicht mehr um das Römische Reich handelt, sondern um einen viel subtileren und globalen Ausdruck.

Die Frage an uns heute ist genau die gleiche wie damals an die frühe Kirche: „Sind wir der Hure untertan und lassen uns von ihr benutzen?"

„Expositor´s Bible Commentary" und Tom Wrights „Offenbarung für heute".
[4] Römer 8,38; Epheser 3, 10/6, 12; Kolosser 1,16

Off. 18,4-5

„Und ich hörte eine andere Stimme aus dem Himmel, die sprach: Geht hinaus aus ihr, mein Volk, damit ihr nicht ihrer Sünden teilhaftig werdet und damit ihr nicht von ihren Plagen empfangt!
Denn ihre Sünden reichen bis zum Himmel, und Gott hat ihrer Ungerechtigkeiten gedacht."

Wie die frühe Gemeinde sind auch wir aufgerufen, eine andere Geschichte zu leben. Als solche, die dazu berufen sind, Jesus, der uns Seine Braut nennt, treu zu sein, sollen wir den verführerischen Versuchungen widerstehen, die uns in den Geschichten von Anhäufung und Konsum ohne Gewissen und Vergnügung ohne Verpflichtung angeboten werden - und Opfer, gewaltsame Unterdrückung, Missbrauch und Nötigung (die verdorbenen Deformationen von Geld, Sex und Macht) mit sich bringen.

Es wird jedoch eine Zeit kommen, in der die Hure gerichtet wird. Die Könige der Erde, die Händler, die mit ihr Handel trieben - all jene, die in ihr System investierten - werden bei ihrem Fall wehklagen.

Unmittelbar nachdem diese Hure ihr Gericht empfängt, malt Offenbarung 19 das Bild der Braut Christi. Diese Frau ist nicht in Gold, Edelsteinen,

Purpur und Scharlach gekleidet, sondern in feines Leinen, sauber und rein - und das stellt die gerechten Taten der Heiligen dar.

Es ist, als ob uns das gesamte Buch an diesen Punkt führen wollte.

Die Gemeinde ist diejenige, für die das Gericht gegeben wurde. Das Gericht gegen Jerusalem, die Tiere, die Drachen und die Hure Babylon sind um der Gemeinde willen geschehen. Die treuen Heiligen, die Jesus gefolgt sind und Verfolgung und Martyrium ertragen haben, kommen schließlich zu ihrem Recht, und diejenigen, die sie unterdrückt, getötet und ausgebeutet haben, werden zur Rechenschaft gezogen und gerichtet.

Hierin finden wir die Absicht von Jesus, dem Engel und Johannes, die hinter diesem Buch liegt, und allem, was darin gegeben und aufgezeichnet wurde.

Wir sind kurz davor, Jesus als Triumphierenden, als Herrn und König zu sehen, das Volk Gottes als gerechtfertigt und die Feinde Gottes als gerichtet.

Man kann sich kaum ausmalen, wie diese Visionen von einer Gemeinde aufgenommen wurden, die im ersten Jahrhundert unter intensiven und brutalen Verfolgungen lebte, welche von Juden, Römern, und insbesondere von Nero ausgeübt wurden. Es muss eine Menge Jubel, Hoffnung und Trost ausgelöst haben!

Die frühe Gemeinde wird den Mut und Glauben empfangen haben, um in ihrer Mission und Bestimmung vorwärts zu marschieren, um Gottes friedfertiges und gerechtes Königreich auf Erden kommen zu sehen, so, wie es im Himmel ist.

8

DER ROTE DRACHE

Der rote Drache aus der Offenbarung vervollständigt gemeinsam mit dem Tier und der Hure die unheilige Dreifaltigkeit des Bösen. Sozusagen die Drei-Einigkeit des Bösen. Denn der Feind versucht immer noch, Gott zu imitieren. Zu unserem Glück lässt Johannes uns bezüglich der Identität dieses schuppigen Reptils gar nicht erst raten: Es ist Satan selbst.

Wir stoßen in der Offenbarung schon früh auf diesen roten Drachen.

Lies hierfür Off 12,3-4 + 7-10

Johannes sieht, wie der rote Drache (Satan) aus dem Himmel hinab auf die Erde geworfen wird. Der Zeitpunkt von diesem Rausschmiss des Teufels fällt mit der Ankündigung zusammen, dass *„das Heil und die Macht und das Reich unseres Gottes und die Herrschaft seines Christus"* (Off. 12,10) gekommen ist. Welches Ereignis machte diese Deklaration möglich? Der Tod und die Auferstehung Jesu. Diese beiden Ereignisse stehen insofern in Verbindung, als dass der Teufel aufgrund des Todes und der Auferstehung Jesu auf die Erde hinab geworfen wird. Jesus selbst verband Seinen Tod mit dem Rauswurf des Teufels: *„Jetzt ergeht ein Gericht über diese Welt. Nun wird der Fürst dieser Welt hinausgeworfen werden;…"* (Joh. 12,31).

Der „Fürst dieser Welt" wurde nicht nur hinab geworfen, Jesus sagte, dass er auch gerichtet wurde:
„… weil der Fürst dieser Welt gerichtet ist." (Joh. 16,11)

Ein paar Kapitel später, in Offenbarung 20, begegnen wir diesem roten Drachen erneut:
„Und ich sah einen Engel aus dem Himmel herabsteigen, der hatte den Schlüssel des Abgrundes und eine große Kette in seiner Hand. Und er ergriff den Drachen, die alte Schlange, die der Teufel und der Satan ist, und band ihn für 1000 Jahre und warf ihn in den Abgrund und schloss ihn ein und versiegelte über ihm, damit er die Völker nicht mehr verführen kann, bis die 1000 Jahre vollendet sind. Und nach diesen muss er für kurze Zeit losgelassen werden." (Off. 20,1-3)

Das ist einer der Abschnitte, die schwieriger auszulegen sind. Wann fand das statt? Oder wird es erst noch stattfinden? Handelt es sich hier um buchstäbliche tausend Jahre?

Ich glaube nicht, dass es sich lohnt, an dieser Stelle zu dogmatisch zu werden, aber persönlich denke ich, dass das, was hier gesagt wird, das widerspiegelt, was sich in Kapitel 12 ereignet (d.h, es passiert zeitlich nicht später, obwohl es im Buch später erscheint), was bedeutet, dass Satan momentan gebunden ist, mit der Auswirkung, dass er die Nationen nicht länger täuschen kann.

Du magst sagen, dass diese Auslegung realitätsfern ist:

„Schau dich doch einfach mal um! Willst du mir sagen, dass Satan nicht beeinflusst, was sich auf dieser Welt abspielt?"

Lass es mich erklären.

Beachte, wie uns in Offenbarung 12 gesagt wird, dass der Teufel *„der Verführer des ganzen Erdkreises"* (Off. 12,9) ist. Dann wird er, weil Jesus ihn durch das Kreuz besiegt, auf die Erde hinab geworfen. Jetzt, in Offenbarung 20, hat er nicht mehr länger die Fähigkeit, die Nationen zu täuschen. Satan wurde seiner Kraft und Autorität beraubt. Einst war er der Herrscher der Welt, nun ist er es nicht mehr. Einst konnte er die ganze Welt täuschen, weil dies in seiner Macht lag, nun aber ist er entmachtet, entwaffnet und entthront und nicht mehr fähig dazu. Er hat die Fähigkeit und Autorität nicht mehr, die er einst besaß, weil nun alle Autorität im Himmel und auf Erden Jesus gehört. (Und somit uns (Matt. 28) - Jesus gibt uns Gläubigen die Autorität und Vollmacht.)

Während Seines irdischen Dienstes sprach Jesus davon, den Starken zu binden, sodass dessen Haus geplündert werden könne (vgl. Matt. 12,29). Ich glaube, dass Er davon sprach, dass der Teufel gebunden werden würde, damit sein Königreich geplündert werden könne. Es scheint, dass Jesus glaubte, dass der Grund, weshalb Er Dämonen austreiben konnte, der war, weil der Starke (der Teufel) gebunden war. Nun, da der Teufel gebunden ist, kann das Königreich der Finsternis geplündert werden und das Licht des Evangeliums mit befreiender Wahrheit hineinbrechen. Darum war es für Jesus möglich, Seine Jünger mit dem Befehl zu beauftragen, alle Nationen zu Jüngern zu machen (Matt. 28).

In diesem Rahmen scheint es nicht unglaubwürdig, dass sich Offenbarung 20 auf Ereignisse bezieht, die mit den Ereignissen rund um Jesus im ersten Jahrhundert zusammenfallen.

Was das „Binden" des Satans (Vers 2) betrifft, deklarierte Jesus, dass Er dies bereits vollbracht habe, was der Grund dafür war, dass Er Teufelsaustreibungen vornehmen konnte (Matthäus 12,29). Satan war danach trotzdem noch immer imstande, durch Judas und andere zu wirken, Jesus anzuklagen und Seinen Tod hervorzurufen. Vielleicht ist das, was wir in Offenbarung 20 sehen, die kosmische Version dieser Geschichte.

Gibt es also immer noch dämonischen Einfluss und Widerstand? Natürlich.

Irgendwie konnte Er den Starken binden, was es aber nicht überflüssig machte, Dämonen auszutreiben. Er band den Teufel, doch der Teufel konnte immer noch Judas beeinflussen. Die eine Wahrheit schließt die andere nicht automatisch aus.

Eine Theorie ist, dass es vielleicht nur der Teufel selbst war, der gebunden wurde, seine Dämonen aber (der dritte Teil der Sterne, worüber wir in Offenbarung 12 lesen) können immer noch wirken, wenn auch mit stark reduzierter Effektivität, wo immer das Königreich Gottes gegenwärtig ist.
Wieder sollten wir an dieser Stelle nicht zu dogmatisch werden. Wie auch immer unsere Sichtweise auf diesen Text ist, ich bin sicher, dass

wir uns darauf einigen können, dass das Böse noch immer in unserer Welt existiert, dass das Licht aber stärker ist als die Finsternis, sodass es keinen Machtkampf zwischen Gott und dem Teufel gibt.

Wir sind deswegen im Namen Jesu dazu autorisiert worden, das Königreich der Finsternis zu plündern, indem wir das Evangelium predigen, die Kranken heilen, die Dämonen austreiben und die Toten auferwecken. Das ist möglich, weil Jesus den absoluten Sieg errungen hat.

Was ist dann mit den 1000 Jahren? Sollen wir die wörtlich nehmen?

Nun, wenn wir den hebräischen Text (das Alte Testament) als Richtschnur nehmen, sehen wir, dass die Zahl 1000[5] an mehreren Stellen verwendet wird, wo sie nicht wörtlich genommen werden sollte, sondern besser als „eine große Anzahl" zu verstehen ist.

„Und wenn die 1000 Jahre vollendet sind, wird der Satan aus seinem Gefängnis losgelassen werden, und er wird ausgehen, um die Heidenvölker zu verführen, die an den vier Enden der Erde leben,

---

[5] 5 Mo. 7,9; Psalm 50,10; 84,10

den Gog und den Magog, um sie zum Kampf zu versammeln, deren Zahl wie der Sand am Meer ist. Und sie zogen herauf auf die Fläche des Landes und umringten das Heerlager der Heiligen und die geliebte Stadt. Und es fiel Feuer von Gott aus dem Himmel herab und verzehrte sie. Und der Teufel, der sie verführt hatte, wurde in den Feuer- und Schwefelsee geworfen, wo das Tier ist und der falsche Prophet, und sie werden gepeinigt werden Tag und Nacht, von Ewigkeit zu Ewigkeit." (Off. 20,7-10)

Warum wird dem Satan eine letzte Möglichkeit gewährt, die Nationen zu täuschen? Ich weiß es nicht. Was auch immer es ist, ich bin sicher, Gott hat einen guten Grund. Der Punkt ist hier jedoch, dass der Tag kommen wird (von dem ich glaube, dass er noch in der Zukunft liegt), an dem der Drache selbst - Satan/der Teufel - an einen Ort der ewigen Qual geworfen wird. Die Strafe, die momentan wie ein Damoklesschwert über seinem Kopf schwebt, wird mit Endgültigkeit vollstreckt werden. Dann wird ihm niemals wieder erlaubt werden, Einfluss auszuüben oder zu verführen. Gott wird sich noch abschließend mit dem Bösen auseinandersetzen und es verbannen.

9

MILLENNIUM

Lies Off. 20,4-6

Dieser Text fällt unter die Überschrift „Millennium oder auch 1000 jährige Reich."

Es ist viel aus dem „Millennium" gemacht worden. Tatsächlich ist es das Millennium, das die vier Haupt-Sorten von Endzeit-Lehren (Amillenarismus, prämillenaristischer Dispensationalismus, historischer Prämillenarismus und Postmillenarismus) definiert. Die Tatsache, dass Menschen ihre Eschatologie (ihre Überzeugungen rund um die Endzeit) um das Millennium herum definieren, sagt dir, dass dies kein einfach zu interpretierender Text ist.
Daher ist es für mich befremdlich, so viel aus so wenig zu machen.
Das ist die einzige Stelle in der Bibel, wo das Millennium erwähnt wird, und doch ist sie zum Dreh- und Angelpunkt geworden, an dem die meisten

Menschen ihre Endzeit-Theologie festgemacht haben (ob sie das bemerken oder nicht). Für meinen Geschmack wird ihr eine zu zentrale Rolle zugedacht.

Der springende Punkt für viele, wenn sie von diesem Millennium sprechen, ist, dass es mit der Herrschaft Jesu in Verbindung steht. Mit anderen Worten, Jesus beginnt zu herrschen, wenn das tausendjährige Reich anbricht. Ein Problem, das ich habe, ist, dass viele meinen, dass das Millennium noch immer in der Zukunft liegt und noch nicht begonnen hat, und daher meinen sie, dass Jesus noch nicht auf Erden herrscht. Erkennst du diese Logik? Ich könnte mir vorstellen, dass, wenn man in dieser Frage nicht locker ließe, manche Zukunfts-Lehrer tatsächlich sagen würden, dass Jesus zwar im Himmel, aber noch nicht auf Erden regiert. Aber das ist nur geraten.

Ich glaube, diese Schlussfolgerung ist ein Fehler. Und wenn wir eine Straße nehmen, die an einem seltsamen Zielort endet, ist es an der Zeit, unsere Fußabdrücke zurückzuverfolgen und herauszufinden, wo wir eine falsche Abzweigung genommen haben. Und vielleicht müssen wir nach dem Weg fragen.

Der grundlegende Fehler, der hier gemacht wird, ist die Annahme, dass diese zwei Themen miteinander in Verbindung stehen (d.h., dass das Millennium und die Herrschaft Jesu einander bedingen).

Meiner Meinung nach ist es falsch, diesen Text dazu zu benutzen, diese zwei Dinge zusammenzusetzen.

Lass uns ein paar Fragen stellen, damit du siehst, was ich meine:

1. Wenn du diesen Abschnitt so liest, wie er da steht, wer ist das Subjekt des Satzes?

2. Von wem spricht dieser Abschnitt? Wer steht im Mittelpunkt?

Es sind die Nachfolger Jesu, nicht wahr?

Diejenigen, die für ihre Treue gegenüber Jesus getötet wurden, sind das Subjekt jener Verse. Und wenn du aufmerksam bist, wirst du sehen, dass Jesus nur nebenbei erwähnt wird.

Und was wird über sie gesagt?

Es heißt, sie wurden lebendig und regierten mit Christus tausend Jahre lang.

Wer sind also diejenigen, die für tausend Jahre regieren?

Es sind die, die Jesus folgen. Die Christen.

Worum geht es also wirklich in diesem Abschnitt?

Es geht darum, dass treue Nachfolger Jesu zum Leben erweckt und mit Christus tausend Jahre lang regieren werden.

Und warum ist das interessant für uns? Warum ist es wichtig, auf diesen Punkt Wert zu legen?

Weil Johannes versuchte, zu sagen, dass diejenigen, die von Rom verfolgt wurden, die in den Augen der Welt schwach, besiegt und bemitleidenswert waren und in ihren besten Jahren umgebracht wurden, weil sie den Kaiser nicht als ihren Herrn anerkannten, nun wieder lebendig wurden, um tausend Jahre lang zu regieren mit Christus, der Sich als die höchste Autorität erwiesen und die ganze Geschichte im Einklang mit Seinem Willen gewendet hatte.

Du siehst: Wenn es diese Botschaft war, die Johannes versuchte, ihnen zu vermitteln, dann hat er seine Sache gut gemacht.

Wenn er allerdings zu sagen versuchte, dass Jesus nun in unserer Zeit beginnt, für tausend Jahre zu regieren, dann bin ich mir sicher, dass du zugeben wirst, dass er das ziemlich schlecht rüberbrachte.

Mein Punkt ist einfach, dass wir zu viel aus dem „Millennium" gemacht haben, und es muss wieder ins richtige Verhältnis zum Rest des Buches der Offenbarung gebracht werden.

Ich persönlich glaube nicht, dass diese tausend Jahre wörtlich zu nehmen sind.

Ich bin der Meinung, dass es einfach eine lange Zeit meint, verglichen mit der Regierung der Cäsaren oder heutigen Präsidenten, Premierministern und despotischen Diktatoren.

Worum es Johannes geht ist, dass der Lohn und Nutzen dessen, Jesus nachzufolgen, all die Mühe wert ist, anstatt sich der Anbetung und dem Götzendienst zu ergeben, der damit einhergeht, dem Kaiser und dem Imperium (dem antiken oder dem gegenwärtigen) Folge zu leisten.

Das heißt, dass Jesus jetzt schon im Himmel und auf Erden regiert, wo auch immer das Tausendjährige Reich anzusiedeln ist (in der Vergangenheit, der Gegenwart oder der Zukunft).

Jesus ist nicht der ausgewählte Herr, der auf den Tag wartet, an dem Er vereidigt wird. Alle Autorität im Himmel und auf Erden gehört Ihm bereits. Es ist nicht so, dass wir auf einen zukünftigen Tag warten müssen, bevor die Herrschaft Christi tatsächlich ausgeübt und Sein Königreich über die ganze Welt hin ausgeweitet wird.
Wir leben genau jetzt in dieser Realität.

Ich glaube, dass Jesus genau jetzt Herr ist.

Ich glaube, dass alle Autorität im Himmel und auf Erden Ihm gehört.

Ich glaube, Er ist der König über allen vergangenen, gegenwärtigen und zukünftigen Königen.

Ich glaube, dass dies Gottes Welt ist.

Es ist nicht die Welt des Teufels. Das war sie einmal. Doch Jesus hat ihn besiegt, vom Thron gestürzt und entwaffnet.

Ich glaube, dass Sein Königreich die Mächte unserer Welt konfrontiert, seien sie nun politische, wirtschaftliche, religiöse oder soziale, und dass es ihre Art zu leben und zu handeln herausfordert. Jesus ruft uns nicht nur zu einer lediglich privaten Spiritualität auf. Ich glaube, dass dieses Königreich seinen Einfluss über unsere ganze Welt ausbreitet (wenn auch unter Widerstand), und zwar bis Jesus wiederkommt.

Ich glaube das alles, weil ich glaube, dass Jesus Herr ist.

10

DER GROSSE WEISSE THRON

Bis hierher sind wir einer ganzen Reihe von Gerichten begegnet:

- Dem 4x7-fältigen Bundesgericht für das untreue Haus Israel. Das hat bereits stattgefunden.

- Das Tier (welches das Römische Reich ist) ist gerichtet. Das hat bereits stattgefunden, da das Römische Reich nicht mehr existiert.

- Die Hure Babylon ist gerichtet. Dies stellt ein Gericht über das System dieser Welt und ihrem schlussendlichen Sturz dar, von dem ich glaube, dass dieser noch in der Zukunft liegt.

- Der rote Drache ist gerichtet. Das ist das Gericht für Satan, das bereits stattgefunden hat, dessen Strafvollzug jedoch noch in der Zukunft liegt.

Dies alles sind Gerichte über böse, unterdrückende Systeme und geistliche Mächte des Bösen.

Aber dann sieht Johannes ein weiteres, endgültiges Gericht. Ein persönliches Gericht für jedes einzelne Individuum:

„Und ich sah einen großen weißen Thron und den, der darauf saß; vor seinem Angesicht flohen die Erde und der Himmel, und es wurde kein Platz für sie gefunden. Und ich sah die Toten, Kleine und Große, vor Gott stehen, und es Wurden Bücher geöffnet, und ein anderes Buch wurde geöffnet, das ist das Buch des Lebens; und die Toten wurden gerichtet gemäß ihren Werken, entsprechend dem, was in den Büchern geschrieben stand. Und das Meer gab die Toten heraus, die in ihm waren; und der Tod und das Totenreich gaben die Toten heraus, die in ihnen waren; und sie wurden gerichtet, ein jeder nach seinen Werken. Und der Tod und das Totenreich wurden In den Feuersee geworfen. Das ist der zweite Tod. Und wenn jemand nicht im Buch des Lebens eingeschrieben gefunden wurde, so wurde er in den Feuersee geworfen.“ (Off. 20,11-15)

Ich glaube an einen Tag des Gerichts. Ich glaube, dass diese Welt in vielerlei Hinsicht ein chaotischer Ort ist, und ich glaube, dass der Gott, der diese Welt gut erschuf, jede einzelne Person dafür zur

Rechenschaft ziehen wird, wie sie entweder mit Ihm zusammengearbeitet hat, um sie zu erlösen, oder zu ihrer Zerbrochenheit beigetragen hat. Ein guter Gott wird nicht weniger als das tun.

Der Apostel Paulus sagte: *„Wir werden alle vor den Richterstuhl Gottes gestellt werden. … So wird nun jeder von uns für sich selbst Gott Rechenschaft geben"* (Röm. 14,10 +12).

An einer anderen Stelle sagt er:
„Denn wir müssen alle offenbar werden vor dem Richterstuhl Christi, auf dass ein jeder empfange nach dem, was er getan hat im Leib, es sei gut oder böse." (2 Kor. 5,10)

Wie fühlst du dich, wenn du solche Texte liest? Ängstlich? Hoffnungsvoll?

Du wirst Aussagen wie diese entsprechend deiner Meinung, wie du dastehen wirst, hören. Wenn wir in Christus sind, sollten wir solchen Worten jedoch mit Zuversicht begegnen:

„Und wir haben die Liebe erkannt und geglaubt, die Gott zu uns hat. Gott ist Liebe, und wer in der Liebe bleibt, der bleibt in Gott und Gott in ihm. Darin ist die Liebe bei uns vollkommen geworden, dass wir

Freimütigkeit haben am Tag des Gerichts, denn gleichwie Er ist, so sind auch wir in dieser Welt." (1 Joh. 4,16-17)

Wenn wir in Christus bleiben, werden wir Zuversicht haben, wenn wir dem Tag des Gerichts entgegensehen. Wir sollten keine Angst vor der Hölle und dem Tod haben, weil wir wissen, wer wir sind und wer Gott ist. In gewissem Sinne hat unser Gericht bereits stattgefunden und wir sind für gerecht befunden worden.

Das ist es, was es bedeutet, in Christus gerechtfertigt zu sein. Es bedeutet, dass unsere Gerichtsverhandlung schon stattgefunden hat und das Urteil ergangen ist: unschuldig.

Diese Texte sprechen allerdings von einem Gericht der Belohnungen. Sie stellen die Tatsache in den Mittelpunkt, dass das, was wir mit unserem Leben tun, für Gott Bedeutung hat. Dies sollte uns dazu veranlassen, nüchtern zu reflektieren, was wir damit anstellen.

Gerne kannst du hierzu noch Paulus Worte nachlesen: 1. Kor. 3, 10-15

Der Apostel zieht als Metapher ein Gebäude heran mit Aufbau und Fundament. <u>Das Fundament ist Christus.</u>

Wenn wir zu Nachfolgern Jesu werden, wird Er zu unserem Fundament. Wir mögen unser Leben auf eine Vielzahl von anderen Dingen aufgebaut haben, die wir einst als wichtig oder wertvoll erachteten. Wir mögen unser Leben auf einem Traum, den wir hatten, oder auf Zielen, die wir erreichen wollten, oder auf einem Wertesystem aufgebaut haben. All diese Dinge bestimmten die Form, die unser Gebäude annahm.

Aber wenn wir zu Nachfolgern Jesu werden, wird Jesus unser Fundament. Er wird zu dem Einen, der unser Leben leitet. Er wird zu dem Einen, der das Gebäude und dessen Aussehen formt. Wenn sich das Fundament unseres Lebens ändert, werden Teile von unserem Leben etwas Reparatur bedürfen und andere vielleicht völlig aufgegeben werden müssen. Das Fundament ist Christus selbst, wenn du ein Nachfolger Jesu bist. Und wenn das der Fall ist, kannst du am Tag des Gerichts Zuversicht haben.

Dann gibt es da noch das Gebäude an sich.
Diejenigen, die bauen, müssen aufpassen, wie sie bauen. Paulus schrieb diese Ermahnung an die, die als Aufseher am Aufbau des Volkes Gottes arbeiten, aber das Prinzip gilt auch ganz persönlich für unser aller Leben.

Jeder Einzelne von uns hat die Verantwortung, auf dem Fundament aufzubauen, in dem Wissen, dass es einen Tag geben wird (den Tag des Gerichts), <u>an dem die Qualität unserer Arbeit getestet wird.</u>[6]

Wenn wir vom Heiligen Geist geleitet und von Liebe und Glauben motiviert werden, bauen wir mit Gold, Silber und Edelsteinen, und es wird einen großen Lohn geben. Tote Werke sind hingegen solche, die getan werden, damit Gott uns liebt oder akzeptiert oder „in unserer Schuld steht", und seien sie auch noch so gut. Es können Werke sein, die wir, wenn wir ehrlich sind, getan haben, um in den Augen anderer gut auszusehen. Das bedeutet, mit Holz, Heu und Stroh zu bauen.

Die Tatsache, dass wir alle vor Gott stehen und dem Gericht ins Auge sehen (nicht dem „Himmel-/Hölle-Gericht", sondern dem „Lohn-/Kein-Lohn-Gericht'), sollte uns dazu veranlassen, unser Rennen fokussiert, entschlossen und ausdauernd zu laufen, in dem Wissen, dass am Ende ein Lohn auf uns wartet.

---

[6] Matt. 6,3-4; Kol. 3,23-24;

11

NEUER HIMMEL
NEUE ERDE

Wir kommen zu der letzten Vision in der Offenbarung:

„Und ich sah einen neuen Himmel und eine neue Erde, denn der erste Himmel und die erste Erde waren vergangen, und das Meer gibt es nicht mehr. Und ich, Johannes, sah die heilige Stadt, das neue Jerusalem, von Gott aus dem Himmel herabsteigen, zubereitet wie eine für ihren Mann geschmückte Braut. Und ich hörte eine laute Stimme aus dem Himmel sagen: Siehe, das Zelt Gottes bei den Menschen! Und er wird bei ihnen wohnen; und sie werden seine Völker sein, und Gott selbst wird bei ihnen sein, ihr Gott. Und Gott wird abwischen alle Tränen von ihren Augen, und der Tod wird nicht mehr sein, weder Leid noch Geschrei noch Schmerz wird mehr sein; denn das Erste ist vergangen. Und der auf dem Thron saß, sprach: Siehe, ich mache alles neu! Und er sprach zu mir: Schreibe, denn

diese Worte sind wahrhaftig und gewiss!" (Off. 21,1-5)

Hier werden uns ein paar erstaunliche Dinge gezeigt.

Erstens: Wir sehen <u>nicht</u> die Zerstörung der Erde. Sie wird nicht zerstört, sondern <u>neu</u> gemacht: Ein neuer Himmel und eine neue Erde.

Aber Steve, was ist mit der Schriftstelle, wo gesagt wird, dass die Welt durch Feuer vernichtet wird?

Lies hierfür:
2. Petrus 3,5-7 & 10,13

Dies ist der klassische Text, von dem Futuristen behaupten, dass er die kommende Zerstörung der Erde lehre.
Aber wenn du genau hinsiehst, bemerkst du, dass er das gar nicht sagt.
1. Er sagt nicht, dass die Erde zerstört wird, sondern das Ungöttliche. Er sagt aber sehr wohl, dass die Himmelskörper verbrannt und aufgelöst werden, was sich auf die Tatsache beziehen könnte, dass wir in der neuen Schöpfung keinen Bedarf für Sonne und Mond haben werden, weil Gott selbst das Licht sein wird (Off. 21,23).

2. Wenn Petrus wie in seinem ersten Brief über das Feuer spricht, spricht er von einem enthüllenden und läuternden Element, nicht von einem zerstörerischen.

Sein Punkt ist hier also nicht, dass Himmel und Erde verzehrt und vernichtet werden, sondern dass nichts verborgen bleibt: „Die Erde, und alle Werke, die auf ihr getan werden, werden offenbar werden." Alles, was nicht aus Gott ist, wird verbrannt (wie z.B. unsere toten Werke), und nur, was gut und rein ist, wird es hindurch schaffen.

3. Das Wort, dass hier für „neu" benutzt wird - wie in neuer Himmel und neue Erde - ist das griechische Wort kainos. Es gibt im Griechischen zwei Wörter für „neu": neos und kainos. Neos ist die Idee von Neuheit im Sinne von „etwas in Existenz bringen, das zuvor nicht war", während kainos die Idee ist von etwas, das zuvor schon existierte, jedoch qualitativ erneuert wurde.

4. Wenn Himmel und Erde nicht erneuert, sondern zerstört werden würden, welchen Sinn sollte es ergeben, Menschen zu einem heiligen und Gott wohlgefälligen Leben zu ermutigen? Petrus verwendet das, was er über die Endzeit glaubt, als Mittel, um zu einem Leben voller Treue in dieser Welt anzuregen, anstatt zu einer losgelösten Form des Fluchtdenkens, das keinen Auftrieb für ein göttliches Leben bieten kann. Wenn Petrus geglaubt

hätte, dass die Erde mit all ihren Werken zugrunde geht, wäre das ein fürchterliches Argument, um sich für ein Gott wohlgefälliges Leben stark zu machen.

5. Der Kontext ist, dass die Erde einst mit Wasser zerstört wurde, in der Zukunft aber mit Feuer. Ich bin sicher, dass uns allen die Geschichte von Noahs Arche und der Flut bekannt ist. Die Flut zerstörte die Erde nicht buchstäblich, sie reinigte, säuberte und erneuerte sie. Das gab Gott mit Noah die Möglichkeit für einen Neuanfang, eine unbeschriebene Leinwand, um eine neue Welt schaffen zu können. Das ist genau das Verständnis, das Petrus uns vermitteln wollte, als er über die Endzeit sprach. **Er redete von Erneuerung, nicht von Vernichtung.**

Zurück zu unserer Aufzählung der erstaunlichen Dinge, die uns in Offenbarung 21 gezeigt werden:

Zweitens: Statt der Zerstörung der Erde sehen wir die Erneuerung von sowohl Himmel als auch Erde. Die Worte aus Gottes Mund lauten: „Ich mache alle Dinge neu." Gott ist in der Erlösungs- und Erneuerungs-Branche tätig. Er macht nicht allerlei neue Dinge. Er macht alle Dinge neu. Und das macht den großen Unterschied. Paulus sagt von dieser gegenwärtigen Welt: *Lies* Röm. 8, 19+20

Eines der grundlegenden Gesetze, welches unsere gegenwärtige Realität beherrscht, ist das Gesetz der Entropie. Dieses sagt im Wesentlichen aus, dass Dinge immer in Richtung Zerfall und Energieschwund gehen. Schau dich einfach um, und du siehst die Entropie am Werk - Gebäude zerfallen mit der Zeit, Autos rosten, unsere eigenen Körper altern - Dinge gehen von Natur aus nicht von einem Zustand der Unordnung in einen Zustand der Ordnung über, sondern immer in die entgegengesetzte Richtung: von der Ordnung zur Unordnung.

Aber das gilt nur für unser gegenwärtiges Zeitalter.

Es gilt nicht für das zukünftige Zeitalter.

Paulus sagt, dass es im jetzigen Zeitalter so ist, dass die Schöpfung selbst unter der Knechtschaft von Vergänglichkeit und Sterblichkeit ist. Doch eines Tages wird sie auf herrliche Weise aus dieser Knechtschaft befreit und den Gesetzen der Entropie nicht länger unterworfen sein. Die Schöpfung wird den Hauch der Unsterblichkeit vom Herrn des Lebens selbst empfangen und in die Herrlichkeit der Kinder Gottes eingehen. Gott wird die ganze Schöpfung auf erstaunliche Weise erneuern. Diese Hoffnung auf eine erneuerte Schöpfung und auf Auferstehungsleiber finden wir nicht nur in den neutestamentlichen Schriften, sie steht auch im

Einklang mit den Hoffnungen der Juden aus dem Altertum.

Drittens sehen wir Gott vom Himmel herabkommen, um mit uns zu wohnen, und nicht uns, wie wir in den Himmel aufsteigen, um mit Gott zu leben. Das bedeutet, dass es in der gegenwärtigen Ordnung einen gewissen Grad an Trennung zwischen Himmel und Erde zu geben scheint, in der neuen Ordnung Himmel und Erde aber vollständig miteinander vereint sein werden.

Was hat Jesus dann gemeint, als Er zu Seinen Jüngern sagte:

„Im Haus meines Vaters sind viele Wohnungen; wenn nicht, so hätte ich es euch gesagt. Ich gehe hin, um euch eine Stätte zu bereiten. Und wenn ich hingehe und euch eine Stätte bereite, so komme ich wieder und werde euch zu mir nehmen, damit auch ihr seid, wo ich bin." (Joh. 14,2-3)

Inwiefern macht die Vision in der Offenbarung im Lichte dieser Worte von Jesus Sinn?

Nun, es ist Fakt, dass wir bereits da sind, wo Jesus ist. Wir sind in Christus[7], Christus ist in uns[8], und wir sitzen mit Ihm an himmlischen Orten[9]. Der Geist

---

[7] Philipper 1,1
[8] Kolosser1,27
[9] Epheser 2,6

Christi lebt in uns[10] genauso wie auch der Vater[11]. Jesus sprach deshalb nicht von einer zukünftigen Existenz im Himmel, wenn wir einmal sterben, sondern von einer gegenwärtigen Existenz, die fürs Hier und Jetzt möglich gemacht wurde. Als Er sagte, dass Er wiederkommen würde, bezog Er Sich auf das Kommen des Heiligen Geistes, von dem Er sagte, dass Er genau wie Er selbst sein würde.

Viertens: In dieser neuen Ordnung eines neuen Himmels und einer neuen Erde bemerkt Johannes, dass es kein Meer mehr gibt. Damit könnten die tatsächlichen Meere unseres Planeten gemeint sein, aber das glaube ich nicht.

Ich glaube, dass N.T. Wright eine bessere Erklärung anbietet: Die Juden waren im Großen und Ganzen kein Seefahrer-Volk, und anhand ihrer Literatur kannst du sehen, dass das Meer oft eine Form von Mysterium, Gefahr, eine Quelle des Bösen oder schlicht Heiden-Völker repräsentierte (z.B. sah Daniel eine Vision von Tieren aus dem Meer aufsteigen, was sich auf Heiden-Völker bezieht).

Was Johannes also sieht, ist, dass es all diese Dinge in Gottes neuer Welt nicht mehr geben wird.

---

[10] 1. Kor. 3,16
[11] Johannes 14,23

Das heißt, dass wir uns in der erneuerten Welt, die Gott machen wird und in der jeder gläubig ist, um nichts Böses, kein Leid und keinen Tod mehr sorgen müssen, weil darin keine Elemente des Bösen mehr vorhanden sein werden, die dieses gegenwärtige Zeitalter für uns noch so schwierig und schmerzhaft machen.

12

UND JETZT?

Du hast es bis hierher geschafft, super. Was nun, wenn schon so einiges, das du eigentlich der Zukunft zugeschrieben hattest, in der Vergangenheit liegt?

Wir leben in der Spannung, die Paulus in Philipper 1,20-25 beschreibt. Paulus wusste, dass dieses Leben zu verlassen gleichbedeutend damit ist, bei Christus zu sein. In diesem Leben zu bleiben, heißt „im Fleisch zu bleiben" - mit anderen Worten, in diesem physischen Körper. Aber fortzugehen bedeutet seinen physischen Körper zurückzulassen und in eine andere Existenzform einzutreten. Eine Existenz, in der wir unser Bewusstsein behalten und in der Gegenwart des Herrn verbleiben.

Hier und jetzt genießen wir ein gewisses Maß an Verbindung mit Gott, doch wenn wir gestorben sind, werden wir lückenlose, ungehinderte Verbindung zu Ihm genießen. Während du jetzt lebst, wirst du es vielleicht wirklich lieben, wie die Dinge hier sind, aber wenn Paulus vor die Wahl gestellt worden wäre, entweder in dieser gegenwärtigen Existenz zu bleiben oder zu gehen und bei Jesus zu sein, wäre es für ihn schwer gewesen zu entscheiden.

Auf der einen Seite ist es wundervoll bei Jesus zu sein, auf der anderen Seite bedeutet Hierbleiben die fruchtbringende Arbeit zu genießen und Gott dadurch zu dienen und Ihn zu lieben, dass man Seinem Volk dient, es liebt und Sein Reich wie im Himmel so auf Erden etabliert. Gottes Ziel für die Erde ist, dass sie mit dem Himmel durchflutet wird. Das ist die Vision, die die alttestamentlichen Propheten in 4. Mose 14, 21; Psalm 72, 19 und Habakuk 2,14 sahen. Die Herrlichkeit des Herrn wird die Erde erfüllen. Diese Realität ist bereits in Christus und seiner Gemeinde da, und sie wird abschließend gegenwärtig sein, wenn Himmel und Erde schlussendlich vereint sind.

Und jetzt?

Was wir über die Endzeit glauben, formt definitiv die Art, wie wir hier, jetzt und heute leben. Wenn du mir nicht glaubst, schalte den National Geographic Channel ein und schau dir „Doomsday Preppers" an. Da findest du Menschen, die glauben, dass es innerhalb ihrer Lebenszeit zu einigen biologischen

Kriegen, nuklearen Holocausts oder einer Zombie-Apokalypse kommen wird, und wenn es so weit ist, werden sie mit ihren unterirdischen Bunkern, Lebensmittellagern, Waffen und ihrer Munition vorbereitet sein. Natürlich glauben die meisten von uns, dass diese Leute mehr als nur ein bisschen paranoid sind, **aber die Wahrheit ist, dass wir alle demgemäß leben und Entscheidungen treffen, wie wir denken, dass die Zukunft aussieht - ob wir das realisieren oder nicht.**

Du magst vielleicht allem in diesem Buch widersprechen, damit kann ich leben.

Lass mich dich zum Schluss fragen:

Inwiefern beeinflussen deine Überzeugungen die Art und Weise, wie du hier und jetzt lebst? Denn, was ich bemerkt habe ist, dass schlechte Überzeugungen bezüglich der Endzeit zu schlechtem Verhalten führen. Und wenn es Verhaltensmuster gibt, die in irgendeiner Weise von einem schlechten Glaubenssystem unterstützt werden, dann hast du irgendwo eine falsche Abzweigung genommen und musst zurückgehen und um Richtungsweisung bitten.

- Wenn deine Endzeit-Theorie dich also dazu bringt, Menschen zu dämonisieren (indem z.B.

regelmäßig dieser Präsident oder jener Wirtschaftsführer als der Antichrist bezeichnet wird), dann hast du womöglich irgendwo eine falsche Abzweigung genommen.

- Wenn deine Endzeit-Theorie dich zu dem Glauben führt, dass Gott im Mittleren Osten Krieg statt Frieden bevorzugt und Friede im Mittleren Osten sogar das Werk des Teufels ist, dann hast du einen falschen Weg eingeschlagen.

- Wenn deine Endzeit-Theorie dich zu einer Fluchthaltung verleitet und du dich einfach nur noch auf die Entrückung freust, wenn du all dieses Chaos hinter dir lassen kannst, dann bist du irgendwo falsch abgebogen.

- Wenn deine Endzeit-Theorie verursacht, dass du in Furcht lebst, dann hast du die verkehrte Richtung gewählt.

Ich glaube daran, dass Jesus zurückkommt. Es gibt vieles, was bereits geschehen ist (wie ich mich bemüht habe, aufzuzeigen), aber das bedeutet nicht, dass Jesus nicht zurückkommt. Das tut Er.

Genau jetzt, in dieser gegenwärtigen Ordnung, erleben wir Schmerz und Verlust und Trauer, aber eines Tages werden all diese Dinge nicht mehr sein. Sie werden ihr Ende nicht deshalb finden, weil Jesus uns schnell in den Himmel fortbringen wird. Sie werden zu einem Ende kommen, weil Jesus Sein Königreich auf Erden vollkommen machen wird, so, wie es im Himmel ist.

Der Tod wird vom Leben verschlungen werden. Das ist die christliche Hoffnung. Aber es ist keine passive Hoffnung. Wir sitzen nicht auf unseren Händen und warten auf jenen Tag. Wir haben vom Meister eine Aufgabe erhalten.

Zuerst einmal haben wir die Aufgabe bekommen, Zeugen zu sein.

Ein großes Thema durch die ganze Offenbarung hindurch, ist, dass Jesus Herr ist (und Cäsar nicht). Jesus regiert (und Satan nicht). Das heißt, dass die Welt anders ist aufgrund dessen, was Er vor fast 2000 Jahren am Kreuz getan hat.

Wir sind dazu berufen, Zeugnis für diese Veränderung abzulegen, und zwar in Wort und Tat.

Wenn wir durch Seinen Geist und von Ihm bevollmächtigt leben, wenn wir unseren Vater anbeten und Jesus folgen, dann legen wir Zeugnis ab von der Tatsache, dass Jesus Herr ist und sich die Welt unter einer neuen Verwalterschaft befindet. Wir legen in unseren Familien und Gemeinschaften, Arbeitsplätzen, Schulen und Universitäten Zeugnis ab.

Wir legen Zeugnis ab, wenn wir so leben, als ob Gottes Realität die ultimative Realität sei. Das, was den zweiten (oder letzten) Platz einnimmt, nimmt in Gottes Wirtschaftssystem den ersten ein. Das ist es, was Jesus meinte, als Er sagte, dass der, der der Größte sein wolle, der Diener aller werden müsse. Was, wenn Er damit Recht hätte? Ich meine, was wäre, wenn jeder der „Größe" hinterher hetzt, dabei aber in die entgegengesetzte Richtung läuft?

Kannst du anfangen, diese Möglichkeit in Erwägung zu ziehen? Denn wenn ja, dann hast du einen flüchtigen Blick auf die Königreichs-Realität erhascht, als deren treue Zeugen uns Jesus berufen hat.

Wir leben so, als ob Geben besser sei als Nehmen. Weil es so ist. Auch wenn die Welt denkt, dass das nicht stimmt. Auf diese Weise legen wir Zeugnis ab für die alles-auf-den-Kopf-stellende neue Weltordnung Gottes (die Jesus das Königreich nennt).

Wir legen Zeugnis für dieses Königreich ab, indem wir glauben und auch so handeln, als ob es besser sei, seine Feinde zu lieben anstatt sie zu hassen, zu verfluchen und zu bombardieren. Wenn die Welt ihren altbekannten Marsch-Rhythmus der Exklusion und Angst aufspielt, legen wir für dieses Königreich Zeugnis ab, indem wir mit dem „anderen" an einem Tisch sitzen und eine Mahlzeit und eine Geschichte miteinander teilen.

Wir geben Zeugnis, indem wir glauben und auch so handeln, als ob es besser sei, die andere Wange hinzuhalten, statt Rache zu üben.

Noch einmal will ich betonen, dass es sehr wohl für Christen eine Aufgabe gibt, auch wenn vieles von der Offenbarung schon passiert ist. Wie gesagt, sollen wir von Jesus zeugen, fruchtbare Arbeiter sein und sein Reich wie im Himmel so auf der Erde etablieren.

Dieses Denken trotzt dem Denken: „Hey, investiert nicht so viel Mühe in irdische Werke, es wird doch sowieso alles verbrennen." Aber Paulus sieht das grundlegend anders. Anstatt einer Trennung zwischen dem, was hier und jetzt passiert und dem, was dort und dann passiert, sieht er eine Verbindung.

Er sieht, dass unsere Arbeit hier und jetzt irgendwie Wert für die Ewigkeit hat. Er sieht, dass die Arbeit, die wir hier motiviert von der Liebe zu Gott und den Menschen tun, sich irgendwie auf mysteriöse Weise ihren Weg in die neue Welt bahnt, die Gott schaffen wird. Deine Arbeit im Herrn ist nicht umsonst.

Deshalb können wir keine Menschen sein, die einfach „die Dinge sein lassen".
Jesus wird uns nicht erlauben, diese Sorte von Mensch zu sein.
Christen sind keine Menschen, die sich anschauen, wie die Welt ist und dann sagen, „Was soll's".

Wir haben einen Zweck, hier und jetzt, der miteinschließt, dass wir die gleiche Art Veränderung herbeiführen, die Jesus gebracht hat. Er hat Krankheit nicht angeschaut und gesagt, „Sorge dich nicht, wenn du davon stirbst, kommst du zumindest mal in den Himmel." Er schaute nicht auf die Ungerechtigkeit und Unterdrückung und sagte, „Hey, ich weiß, dass die Dinge jetzt hart sind, aber eines Tages, wenn du stirbst, wird es besser sein."

Jesus gab schlussendlich Sein Leben, um dem Tod und all seinen Freunden ein Ende zu bereiten: der Ungerechtigkeit, Unterdrückung, Krankheit, Gewalt, dem Rassismus, der Rache und Habgier und vielen andern. Er gab Sein Leben als Lösegeld für viele, sodass jeder von uns von der versklavenden Macht der Sünde frei sein könne, freigesetzt von der nicht hinterfragten Treuepflicht dem Imperium gegenüber (welche Form es auch immer haben mag). Er tat das, damit wir in die Absicht eintreten könnten, die Er von Anfang an für uns bestimmt hatte: Solche zu sein, die in dieser Welt Sein Ebenbild sein würden - solche, die herrschen und regieren und Seine Ordnung und Sein Schalom auf wahrhaft menschliche Weise über die ganze Welt ausbreiten.

Das Evangelium weiß nichts von einer Haltung, bei der man sich zurücklehnt und auf die Ankunft des Mutterschiffs wartet, das uns von hier weg beamt. Wir, die wir „neue Geschöpfe" heißen, sind dazu berufen, Zeichen und Kostproben von Gottes neuer Schöpfung darzubieten, wo auch immer wir gerade stecken mögen, sei es hinter einem Büroschreibtisch, einer Espressomaschine, hinter einem Taxi-Steuer, einer Diener-Schürze oder auf einer Krankenhausstation.

Zu guter Letzt möchte ich noch sagen, dass wir Salz und Licht in der Welt sind - aber wir sind nicht von der Welt.

Als Jesus von Pilatus befragt wurde, sagte Er: *„Mein Reich ist nicht von dieser Welt"*[12] Was Er nicht sagte, ist, dass Sein Königreich nichts mit dieser Welt zu tun hätte. Was Er aber wirklich sagte, ist, dass Sein Königreich nicht aus dieser Welt stamme, es aber mit Sicherheit für diese Welt sei.

Jesus sagte, dass Seine Jünger Salz und Licht seien. Wie auch immer wir diese Metaphern interpretieren, klar ist, dass sie von Nähe und Sichtbarkeit sprechen.
Wir sollen in der Welt sein, um sie beeinflussen zu können.

Bei uns in Deutschland haben wir jedoch zu viele theologische Gerüste, die es uns ermöglichen, aus dieser Welt zu gehen oder sie zumindest auf Abstand zu halten. Eventuell sind dir ja auch einige dieser Gerüste bekannt, die uns aber tatsächlich eher zum Wackeln bringen statt in die Stabilität.
Solche Wackelgerüste sind für mich zum Beispiel:

* Wir bekommen ein Ticket für den Himmel versprochen, wo wir hingehen, wenn wir sterben, ohne uns sorgen zu müssen, wie wir hier und jetzt leben.

---

[12] Johannes 18,36

* Das Evangelium wird vergeistlicht, sodass es fast nichts über unser „Alltagszeugs" zu sagen hat - ob es sich nun zum Beispiel um Politik, Wirtschaft, Rassismus oder die Bildungskrise handelt.

* Uns wird von einer kommenden Entrückung erzählt, was bedeutet, dass wir in einem Augenblick von hier weg kommen, kurz bevor die Erde dann komplett zerstört wird. Nach dem Motto: „Lebe einfach nur ein heiliges Leben, damit du nicht zurückgelassen wirst."

* Uns wird gesagt, dass wir niemals schwere Zeiten erleiden müssen, und wenn wir genug Glauben haben, können wir gesund und wohlhabend leben.

Das sind nur ein paar Beispiele, von denen ich mir sicher bin, dass sie einige von euch kennen.
Zu oft wurde uns ein dünnes, verwässertes Evangelium verklickert, das so armselig und ausgemergelt ist, dass es kaum zu erkennen ist neben der herrlichen, gerechten, großen, Schalom-bringenden, alle-Schöpfung-erlösenden Geschichte, welches die gute Nachricht von Gottes Königreich ist.

Das ist es, worum es mir die ganze Zeit ging. Unser Glaube an die Endzeit muss diese Größe reflektieren.

Er muss lebensfroher und hoffnungserfüllter sein, weil unser Evangelium das ist. Und so mag es sein, dass sich für dich im Praktischen nichts wirklich ändern wird. Vielleicht ist alles, was sich verändert hat, dass du deine Fehlausrichtung behoben hast und du deine Überzeugungen zum Thema Endzeit endlich dem angleichen konntest, was du bereits gelebt und geglaubt hast. Vielleicht ist alles, was ich dir gegeben habe, das Vokabular für das, was du schon seit langer Zeit gefühlt und gedacht hast. Wenn das der Fall ist: wunderbar!

Aber für andere verändert sich hoffentlich alles.

Vielleicht kannst du nun endlich anfangen, dir vorzustellen, wie es aussehen würde, sich in dieser Welt einzubringen - über das Seelen-für-den-Himmel-retten-Level hinaus.
Vielleicht beginnen deine Augen sich für ein Evangelium zu öffnen, das eine gute Nachricht voll großer Freude für alle Menschen ist. Für ein Evangelium, das politisch umstürzlerisch, wirtschaftlich revolutionär und gesellschaftlich transformierend ist. Für ein Evangelium, das

erfahren ist mit der Welt da draußen in all ihren Schwierigkeiten, Herausforderungen und ihrem Durcheinander. Und für einen Jesus, der dieser Aufgabe gewachsen ist.

Vielleicht bis du ein Ingenieur, ein Fitness- Trainer, ein Lehrer, ein Hausangesteller, ein Buchhalter, Mechaniker, Koch, eine Geschäftsperson oder eine Vollzeit-Mama.

Inwiefern befähigt dich diese Art von Evangelium, das zu nehmen, was du tust und dich wahrhaft in der Welt zu engagieren, so, wie sie eben ist, in all ihrer Unordnung und Verwirrung?

Wie kannst du Teil der Lösung statt des anhaltenden Problems sein?

Wie kannst du anfangen, dich selbst aus der Gefangenschaft der Individualität, des Kapitalismus und Konsums innerhalb des Imperiums zu befreien und stattdessen eine andere Geschichte zu leben?

Eine, die Gott mehr ehrt?

- Wie kannst du das, was du jeden Tag tust, so tun, dass es der Welt und denen um dich herum Wert zufügt?

- Wie kannst du das, was du tust, mit Integrität und einem reinen Gewissen tun?

- Wie kannst du hier und jetzt Gottes Zukunft leben?

- Wie kannst du das mit einer kreativen Vorstellungskraft tun, die offen ist für die bunt gemischte Brillanz und Genialität des Lebens, welche Gottes Geist ist?

- Wie kannst du das auf eine Weise tun, die das Schalom unserer Welt - ob für Mensch oder Umwelt - vergrößert?

Vielleicht solltest du dich mit ein paar Freunden treffen und anfangen, ein paar dieser Fragen zu stellen und schauen, wo es euch hinführt?

Es gibt viel Arbeit zu tun. Viel zu lange haben viel zu viele Menschen Lehren angenommen, die vom Evangelium abweichen und den Leib Christi in einer lähmenden Untätigkeit gefesselt haben, während sie auf die Entrückung warten.

Meine Hoffnung ist, dass dieses Buch dir ein paar bessere Überzeugungen bezüglich der Endzeit bieten konnte, sodass wir zu der Gemeinde werden können, von der Jesus träumt.

Wir brauchen gesunde Überzeugungen, weil Überzeugungen immer unser Verhalten bestimmen.

Maranatha

Bibliographie

Adam Clarke: Adam Clarke's Commentary on Matthew

Harold Eberle and Martin Trench: Victorious Eschatology

Michael Gorman: Reading Revelation Responsibly

Wayne Grudem: Systematic Theology

Josephus: The Wars of the Jews

Derek Morphew: Breakthrough: Discovering the Kingdom

Stan Newton: Glorious Kingdom

Brian Walsh and Sylvia Keesmaat: Colossians Remixed: Subverting the Empire

Jonathan Welton: The Art of Revelation

Jonathan Welton: Raptureless: An Optimistic Guide to the End of the World

John Wesley: Wesley's explanatory notes on the New Testament

N.T. Wright: New Testament and the People of God

Tom Wright: Surprised by Hope

Tom Wright: Revelation for Everyone

Tom Wright: Matthew for Everyone

Tom Wright: Paul for Everyone: Galatians and Thessalonians

Tom Wright: Paul and Caesar: A New Reading of Romans (http://ntwrightpage.com/2016/07/12/paul-and-caesar-a-new-reading-of-romans/)

Olive Tree Enhanced Strong's Dictionary (electronic version)

Steve Zschunke:

Skandal
der Gnade

Entdecke, was dir längst gehört!

Jeden Tag ein Leben zu führen, in dem wir völlig sicher sind, dass wir bedingungslos von Gott geliebt sind - ist das wirklich möglich, und wie sieht das konkret aus? Der Autor nimmt uns mit auf eine Reise und macht verständlich, dass wir durch das vollbrachte Werk von Christus am Kreuz in eine vollkommene Einheit mit Gott gekommen sind. Aus dieser von Anstrengungen befreiten Einheit und der Freude seiner Gegenwart fließt ein kraftvolles Leben, welches den Himmel auf der Erde widerspiegelt. Gnade befähigt uns, wie Jesus zu leben. Dieses Leben ist von Sünde befreit und bereit, die zu lieben, die nicht zurücklieben können, egal was kommt. Und all das kommt von Gott durch seine Gnade. Sein einfacher und doch tiefer Ansatz, verbunden mit Zeugnissen und realen Erfahrungen, wird dein Herz gefangen nehmen und dich in das Leben der Freiheit führen, das du immer wolltest. Entdecke, was dir in Christus längst gehört!

Steve Zschunke:

Fearless durch die Endzeit –
was wäre, wenn...?

In Anbetracht all der Krisen, mit denen wir momentan konfrontiert sind, scheinen sich manche in ihrer Ansicht bestätigt zu fühlen, dass wir hier und jetzt mit großen Schritten auf die ultimative Apokalypse zusteuern. Was viele beim Debattieren über die Endzeit leicht aus den Augen verlieren, ist unser Kernauftrag: Hoffnungs-Botschafter für die Welt zu sein! Das Evangelium ist die Botschaft von persönlicher Transformation hin zum Guten, zum Gesunden, zum Besseren, hin zu Gott

selbst. Wenn viele Menschen diese Transformation erleben, kann sich die Gesinnung einer ganzen Gesellschaft verändern. Dieses Buch möchte dich auf eine Reise einladen, Aussagen der Bibel über die Endzeit zu beleuchten. Was wäre, wenn die Endzeit viel mehr Raum für Hoffnung als für Angst hätte?

Steve Zschunke:

Freude trotz(t) Umständen

Wie Gottes Freude dich in Krisen nicht nur überleben lässt, sondern zu einem überwindenden Sieger macht

Wir leben in turbulenten Zeiten, aber genau diese Zeiten sind es, in denen wir leuchten können. Triumphierend über Umständen. Die biblische Freude ist nicht abhängig von Umständen, sondern tief in der Freude und Rettung Jesu verankert. Dieses Buch ist ein Schlüssel, in genau dieser spannenden Zeit göttliche Freude und übernatürliche Kraft zu empfangen. Das Buch wird dir auch helfen, Freudenkiller zu entlarven und sie in der Kraft Gottes zu überwinden. Lass dich von der himmlischen Freude Gottes entzünden – es ist möglich, nicht aus eigener Kraft, sondern aus der Kraft des Herrn.

Steve Zschunke:

IT`S EASY, SIMPLE JESUS

Für Steve war das Leben als Christ einst vor allem ein zermürbender Versuch, Gott um jeden Preis zu gefallen, bis er der Wirklichkeit, der befreienden bedingungslosen Gnade Gottes begegnete. Er lernte, was es bedeutet, in Christus zur Ruhe zu kommen und wie die Freude an Gottes persönlicher Nähe den Alltag verwandeln kann. Steves Leben ist gekennzeichnet von einer intimen Beziehung zu Gott! Die Wunder, die er mit Gott im Alltag erlebt, machen Appetit auf mehr von Gottes Gegenwart im eigenen Leben. In klarer, leicht verständlicher Weise zeigt er, wie das ursprüngliche Evangelium von Jesus Christus vieles infrage stellt, was heute landläufig als typisch christlich gilt. Vorsicht! Dieses Buch wird dich entfesseln von dir selbst, damit Christus völlig in und durch dich leben kann.

STEVE ZSCHUNKE

it's easy, simple Jesus

UNGEZÄHMT LEBEN
FREI VON RELIGION

AWAKENING

Mit Vorworten von Ben Fitzgerald und Christoph Haselbarth